시간에 기대어 서서

시간에 기대어 서서

초판 1쇄 인쇄 | 2022년 12월 12일
지은이 | 고성현
펴낸이 | 이재욱(필명:이승훈)
펴낸곳 | 도서출판 수필in
주　소 | 서울 영등포구 경인로82길 3-4(문래동1가 39)
　　　　센터플러스빌딩 1004호(우편07371)
전 화 | 02-2612-5552
팩 스 | 02-2688-5568
E-mail | jlee5059@hanmail.net

등록번호　제2021-000164
등록일자　2021년 10월 6일

ISBN　979-11-92835-00-6

이 책은 순천시, (재)순천문화재단의 지원을 받아 발간되었습니다.

시간에 기대어 서서

고성현 에세이집

꽃은 시간과 공간을 달리하며 핀다. 어느 꽃이 가장 아름다운 꽃이라는 순위를 매겨 줄 세우지 않는다. 우리가 아직 알지 못하는 쓸모를 가진 꽃도 있을 것이다. 한 생명이 다른 생명에게 어떤 영향을 주는지 다 알 수 없다.

수필❍

책머리에
삶이 머문 글

　이야기하는 것을 좋아하였다. 나이가 드니 말수가 줄어든다. 생각을 다 나누기 어려우니 입을 다물고 마는 때가 잦다. 말로 못하니 글을 쓴다. 소재나 주제를 곰곰이 생각하고, 숙성하듯 놔두었다가 간간이 들여다본다. 글을 쓰면 하나의 주제가 정리된다. 더불어 생각과 관점도 정돈된다. 글로 쓰지 않았다면 생각들은 떠올랐다가 흩어지고 말았을 것이다. 글을 쓴다는 것은 내게는 자가 치유 과정이다.

　좋았던 기억력이 쉰을 지나며 선명하지 않다. 세세하게 기억해낼 자신도 없다. 기억하기 위해 기록하고, 기록으로 인해 기억을 되살린다. 예전 글을 읽으면 기억과 기록의 연관이 뚜렷하다는 것을 확인한다.

　글을 쓰기 시작한 지 십 년이 훌쩍 넘었다. 산골 정서가 바탕이다. 7년 반의 서울 생활과 아들 셋을 키우며 전업주부로 보낸 이십여 년이 사이사이 스며있을 터이다. 마흔에 시작한 공부를 박사과정까지 마쳤으니 구석구석 흔적이 남았을 것이다. 9년째 일을 하며 느낀 소회와 애환도 드문드문 머문다. 그런 만큼 글의 소재와 주제가 다양하다. 그동안 쓴 글 중 48편을 추려 지난해에 수필집 『사색의 고요 너머』를 내놓았다.

책을 엮고 글이 꽤 남았다. 게다가 십여 년 간격으로 흩어져있다. 정돈하고 싶던 차에 마침 올해도 기회가 주어졌다. 처음부터 두 권으로 묶을 요량은 내지 못했다. 아쉽게도 하나의 흐름으로 꿰기는 어렵다. 그럼에도 새로운 시작을 위해 단락을 짓는다. 저작 시기가 겹치니 지난해와 올해 책이 상당 부분 닮아있을 것 같다.

지난해에 이어 올해도 정성껏 책을 만들어준 해드림출판사 이승훈 대표께 마음 깊이 감사 인사를 올린다.

2022년 겨울

고성현

차례

책머리에 삶이 머문 글 … 4

PART 1
시간이 남긴 흔적

기억의 창 … 12

어느 노파의 변호 … 18

산중에서의 여름날 … 34

주파수 … 43

사람 공부 … 48

당신의 MBTI는 … 56

명리학을 들추다 … 62

나를 알아가는 중 … 69

PART 2
시간에 기댄 사랑

> 엄마가 된다는 것은 … 78
> 스님의 주례사에 대하여 … 84
> 꽃과 사람 … 90
> 일주일의 고립 … 95
> 마스크 … 101
> 목욕탕 단상斷想 106
> 김치 … 110
> 집을 보존하다 … 116

PART 3
눈길이 머물다

> 꽃을 보는 시선 … 124
> 갖고 싶은 정원 … 129
> 거울 … 134

호모 루덴스 ··· 139

물의 여행 ··· 144

3월 ··· 149

동그라미와 네모 ··· 153

사물놀이를 배우며 ··· 158

PART 4
일과 삶

귀를 찢다 ··· 165

밥값 ··· 172

나르시시스트에 대하여 ··· 178

사랑스러운 고양이 한 마리 키우실래요? ··· 186

정언正言 193

농담이란 ··· 198

녹투 ··· 203

안개 ··· 209

PART 5
시간에 기대어

그늘 … 216

나무를 닮은 사람 … 221

유산 … 226

정의와 어떤 선거의 기억 … 232

선택권 … 238

아버지 기제사 가는 길 … 244

황금률에 대하여 … 251

시간에 기대어 … 257

PART 1

시간이 남긴 흔적

기억의 창

⋮

　그리움에 잠기는 때가 종종 있다. 스무 살이 되기 전에 누가 물었다. '살면서 가장 좋았던 때가 언제였냐'고. 선뜻 대답이 안 나왔다. 곰곰이 생각해 보았지만, 딱히 떠오르는 장면이 없었다. 가장 좋았던 기억을 선뜻 말하지 못한 열아홉 살 어느 겨울날, 내 발걸음만큼이나 마음이 무거웠다. 좋았던 때가 언제였다고 말하지 못하는 내가 딱했다.
　유년의 나날들이 사랑받은 기억으로 충만해 있지도 않았고, 꿈에 부풀어 있지도 못했다. 큰집이면서 딸만 낳은 아버지는 내가 아들이길 무척이나 바랐다. 아들 태산에 아들 태몽이라며 햅쌀 찧어 놓고 기다리시던 아버지는 무척 허망해했다. 끝내 아버지는 아들을 보지 못했다.
　우여곡절 끝에 늦게 자식을 보기 시작한 아버지는 쉰이 넘어서며 편찮으셨다. 아버지는 예순을 넘기지 못했다. 아버지를 잃는다는 것은 기가 죽는 일이었고, 지붕이 없는 집에서 사는 것 같았다. 바람벽이 없는 헛간 같았으며, 울타리 없는 마당처럼 허전했다.

공부조차 할 수 없는 상황으로 치달았을 때 받은 질문이 '언제 가장 행복했냐'는 것이었으므로 나는 먹먹해져 대답이 나오지 않았다. 촌스러운 내 손을 황망하게 바라볼 뿐이었다.

오랜만에 친구들과 모여 계룡산에 갔다. 동학사에서 삼불봉을 거쳐 갑사로 내려오는 여정이다. 여정에서 5학년 말에 도시로 전학 간 친구의 얘기를 들었다. 열두 살까지의 추억이 삶에 막대한 영향을 미치고 있는 듯 보였다.

친구의 유년시절은 행복한 동화책 같다. 할아버지가 부자였던 친구는 유복하게 자란 모양이다. 시골아이 같지 않게 뽀얗던 친구는 산과 들과 냇가에서의 그리움을 이야기했다. 진즉 사라져 버린 학교 근처의 풍경들을 그리워했다.

친구는 그리움이 이끄는지 여행을 가려면 남쪽만 떠오른단다. 어쩔 수 없이 남쪽으로 기차를 타고, 하염없이 학교 운동장을 걸었다고 했다. 행복한 유년의 기억이 두고두고 영향을 미치는 것을 보았다. 갑사에서 내려오다 마신

막걸리로 인해 아련한 그리움이 유쾌하게 익었다.

역시 초등 4학년까지 고향에서의 행복한 추억으로 가슴을 채운 사촌 오빠의 그리움을 들은 적이 있다. 사촌오빠가 고향 우리 집에 와서 하루 저녁 머물며 이런저런 이야기를 나눌 시간이 있었다.

우리 집은 큰집이면서도 아들이 없어서 할아버지와 할머니, 아버지까지 그 사촌 오빠를 양자로 생각한 모양이다. 아버지가 5남 2녀의 장남이라 작은 집과 사촌들이 많다. 사촌오빠는 할아버지의 밥상에 앉을 권리가 있었고, 사촌들의 호위를 받으며 학교에 다녔단다. 아무도 괴롭히지 못했다며 자랑 섞인 추억을 회상했다.

할아버지가 돌아가시자 70년대 초반까지 시골에서 노름이 횡횡했다. 전답을 거듭 잃은 넷째 작은아버지 가족은 객지로 가게 되었는데, 뿌리를 잃은 사촌오빠의 상실감이 무척이나 컸던 모양이다. 흰머리 희끗한 잘생긴 사촌오빠가 차근한 목소리로 들려주는 추억담에 함께 아늑해졌다.

고향과 뿌리와 몰락해버린 큰집에 대한 연민과 책임감에 맘 아파하던 목소리 좋던 오빠는 얼마 후, 할아버지와 할머니, 아버지를 뵈러 가버렸다.

객지에서 수없이 마신 그리움이 병이 되었던 모양이다.

온몸을 휘감던 기억과 추억이 쌓인 고향 큰집에서 그리움을 토해내고 나서 가벼이 떠나신 것인가.

마흔이 넘었을 때도 언제 가장 행복했냐는 질문에는 선뜻 대답할 수 없었다. 행복한 적이 있었든가 때때로 고심했다. 어렴풋한 기억을 탐색해도 행복했다고 말할 수 있는 시절이 딱히 떠오르지 않았다. 순간의 기쁨과 잠시의 즐거웠던 기억의 틈새를 애써 찾는다.

열 살 즈음, 막내 작은아비지가 처음으로 세뱃돈 100원을 주었을 때 무척 신났었다. 한 달 전부터 졸라서 생일날 흰 쌀밥을 고봉으로 작은 방에 따로 받았을 때도 비할 데 없이 귀하고 좋았다. 셋째 작은아버지가 역시 우리 조카라며 매번 상 받는 것을 기뻐하며 함박웃음을 지으셨을 때 나도 같이 웃었다. 학교에서 상을 줄 때 내가 빠진 적은 한 번도 없었다.

아버지께 한문과 주산과 새끼줄 꼬는 기계 배우던 열 살의 명랑했던 날들이 있었다. 친구들과 산과 들을 뛰어다니며 찔레를 꺾어 먹고 삐비를 뽑아 먹던 봄날들이 있었다. 산딸기며 머루며 보리수(포리똥)를 따 먹던 산이 텃밭처럼 가까웠다. 학교도서관 책들을 차례대로 읽으며 다양한 세계로 몰입하던 때가 있었다. 쓱싹쓱싹 동시를 쓰고 으쓱

하던 열두세 살이 있었다.

엄마와 언니와 운동산 정상 가까이에서 겨우내 나무를 하며 이런저런 이야기를 도란도란 나누던 열세 살 열대여섯 살이 있었다. 밤새 뜨개질을 해서 조끼를 만들던 열네다섯 살이 있었다. 애써 찾으니 순간의 기쁨들이 군데군데 떠올랐다.

쉰이 넘어가며 되돌아보면 살면서 얻은 기쁨은 하고 많다. 아이들을 낳아 기르던 이십 대와 서른 초반의 날들, 배우고 싶은 것을 배우던 삼십 대 중후반과 사십 대, 일하며 공부하며 글을 쓰며 바쁘게 산 사십 대부터의 날들. 이제는 언제 가장 행복했냐고 물으면, 하고 많은 것 중 어느 것을 골라야 할지 고민해야 할 지경이다.

어느 정도 삶이 안정되고 편안해져야 기쁨도 만족도 찬탄도 맑게 보이는가 보다. 자신의 삶을 이해하고 수용할 때 행복도 불행도 온전한 내 역사가 된다.

만족과 행복은 기대와 깊은 상관관계에 있다. 유년의 행복은 온전히 스스로 책임지기에 한계가 있다. 부모와 환경의 도움이 절실하기 때문이다. 사람은 사랑과 돌봄과 배려 없이 저절로 클 수 없다.

거저 주어지는 것이 없었기에 행복이라는 양팔저울은

처음부터 균형을 이룰 수 없었다. 기울어져 있었다. 애써 한 걸음씩 나아갔기 때문에 힘없이 떠 있던 한 축에 무게가 실리고, 비로소 무겁게 가라앉아 있던 한 축이 몸을 일으켜 가벼워졌다. 모자랐던 배려와 사랑과 돌봄을 스스로 채워 나가니 슬픔과 책임감과 의무로 무겁던 한 축이 가벼워졌다.

씨줄과 날줄의 짜임에서 날줄의 영역은 개체 스스로 몫이다. 엔터테이너는 스스로 기쁘고, 타인을 기쁘게 하는 자동사와 타동사를 겸한다고 한다. 엔터테이너로 살 일이다.

좋았던 기억은 그리움으로 남아서 살게 하고, 아픈 기억은 이해하고 화해하고 받아들이게 하는 것 같다. 예순이 넘고 칠순이 넘은 후에도 잔잔하게 미소 지으며 살고 싶다. 주어진 모든 시간에 감사하며 아름다움을 더 많이 보고 들으며 다가오는 일에 알맞은 굵기로 대응하며 살고 싶다.

어느 노파의 변호

⋮

 말이라고 해서 다 같은 말이 아니다. 버젓이 허튼소리가 있고 거짓말이 있고 횡설수설이 있다. 거짓말은 참말 사이를 유유히 떠다니며 맥락을 흩트려 놓는다. 달콤한 말과 남을 헐뜯는 말이 앞뒤 없는 횡설수설이 되기도 한다. 그러니 말이 진리를 담보할 수 없다.

 같은 사건이라도 사건에 대한 기억이 다르고 자기 합리화를 위한 기억 각색도 드물지 않다. 기억을 잘하는 사람이 있고 기억이 뒤죽박죽인 사람도 있다. 아무리 기억을 되살린들 있던 그대로를 상세하게 설명하기 어렵고 오롯이 묘사할 수도 없다.

 다만 맥락과 논리, 상황에서의 개연성, 마땅히 상식적인 사람들이 공감하는 가치, 참과 거짓을 구별하는 판단 등을 통해 실체에 가까이 다가갈 수 있을 뿐이다.

풀 많은 골짜기 윗동네에 말 잘하는 할머니가 산다. 할머니가 얼마나 말을 잘하냐면 회갑 무렵부터 자칭 타칭 변호사로 불린 역사가 있다. 하니 과연 말은 잘하는 모양이다. 동네 사람이든 자식이든 그 누구도 할머니의 말에 가타부타 다투기 어려웠다.

말로 할머니를 이길 사람이 없노라 호가 났다. 소위 말발이 드물게 세서 할머니와 시비가 붙거나 이해관계가 발생하면 열이면 열, 백이면 백이 다 두 손 두 발 드는 지경에 이른다는 것이다.

한글을 비롯한 배움은 일체 없었던 할머니의 말 잘하는 능력은 이러했다. 우선 말을 들어줄 협력자를 찾았다. 집안이든 동네든 힘 있는 사람을 우선 자기편으로 만드는데 정성을 들였다. 이용가치가 있는 사람이어야지 별 소용없는 사람은 굳이 자기편으로 만들려는 시도조차 안 했다.

그녀는 온갖 미사여구와 아첨과 칭송을 달달하게 했다. 그들이 듣고 싶은 말을 하고 기꺼이 추켜세워 주었다. 자기편을 들어주면 금상첨화요, 입바른 소리만 안 해도 자기편이나 다름없으니까, 이익이 될 수 있는 사람을 구워 삶아놓으면 그다음은 일사천리다.

힘 있는 한두 명을 포섭하여 그 힘을 등에 업고 길길이 날뛰기를 마다하지 않았다. 이를테면 시어머니를 등에 업고 손윗동서들을 번갈아 능욕하고 이간질하고 모욕하고 상처 주기 일쑤였다. 시어머니가 대부분 나섰으나 간혹 본인이 직접 나서서 집안의 대장 노릇을 하는 것도 마다하지 않았다.

그녀는 결국 원하는 것은 그게 무엇이든 모두 손에 넣었다. 그녀가 원하는 것을 얻지 못한 적은 없었다. 집안의 전답도 다섯 형제의 막내며느리인 그녀가 가장 많이 가졌다. 그녀의 거의 모든 재산은 큰 시숙을 비롯한 시숙들과 남편의 사후에 특별조치법으로 이전한 것이라 보증위원 서너 명에게 도장을 받으면 되는 방식으로 취득했다.

자녀들이 있으니 집안에서 무슨 탓을 하지 않았고 큰동서도 문서를 잘 알지 못하니 마음먹은 대로 다 할 수 있었다. 실패를 결단코 용납할 수 없는 것처럼 그녀는 무슨 수를 쓰든지 원하는 바를 획득했다.

할머니의 뛰어난 장기인 말 잘하는 법은 이러했다. 더할 나위 없이 거짓말 잘하기, 무조건 우기기, 열 번이건 백 번이건 반복하기, 자기에게 유리한 부분만 발췌하여 확대해서 과장하기, 상대방의 사정과 당시의 사실 무시하고 왜곡하기, 맥락 뒤집어 놓기, 많은 사실 중에서 상대방에게 불리한 것만 과장해서 파헤치기, 연관된 사람들을 교묘하게 이간질하기, 힘이 있는 사람은 어떤 방법을 쓰든 자기편 만들기, 좋아하는 사람에게 온갖 칭송하기, 싫어하는 사람은 극한까지 폄훼하기, 전혀 시점이 다른 이야기를 서너 가지 섞어서 같은 시기에 일어난 일로 둔갑시키기, 칠팔 년 혹은 몇십 년의 선후관계 뒤바꾸기, 하나의 사실에 대해 불리해지면 금방 다른 얘기를 꺼내서 논점 흐리기, 어르고 달래기, 입에 못 담을 욕을 분이 풀릴 때까지 사납게 퍼붓기, 듣도 보도 못한 욕하기, 입에 거품 물기, 상대방의 아픈 곳을 집중 공략하기, 아주 조그마한 사실 하나에 허구 아홉을 보태어 호도하기, 상대방이 싫어하고 학을 뗄 만한 말만 골라하기, 상대가 아파할 것 같은 구석은 사정없이 헤비기, 상대방이 오물을 뒤집어쓴 것처럼 느끼게 하기, 교묘하게 기분 나쁜 말 던지기, 끝없는 시비로 상대의 일상을 파괴하기, 악담하기, 상대방의 자녀들에게도 악담하기, 비웃기, 조롱하기, 업신여기기, 여기서 하는 말과 저기서 하는 말이 다르기, 자신에게 불리한 점은 최대한 숨기고 행여 드러나도 부인하기, 잡아떼기, 남 탓하기, 나쁜 사람으로 낙인찍기, 자신의 모든 행위는 선하게 포장하기, 자신의 단점이나 약점은 티만큼도 없다고 확신하기, 강자에게 약하고 약자에게 강하기, 그 동네에서 가장 약한 사람에게 가장 악랄하게 굴기, 약자에게 뒤집어씌우기, 등등

이루 헤아릴 수 없는 많은 기술을 가지고 있었다.

 헤아릴 수 없이 많은 기술을 가진 할머니는 자유자재로 미운 사람을 괴롭혔다. 할머니는 미운 사람을 아주 몹쓸 사람으로 매도했다. 멀쩡한 사람을 나쁜 사람으로 매도하려면 거짓말은 필수불가결하다. 거짓말쟁이의 거짓말에는 늘 약간의 진실이 섞여 있었기 때문에 그럴싸하게 보인다.
 시기가 다른 이야기를 교묘하게 짜 맞추고, 에피소드의 상황을 바꾸고, 중요한 사실들은 생략하고, 떠벌리고 싶은 대로 이야기를 재구성한다. 그간 사정을 잘 모르는 사람은 할머니의 말을 곧이곧대로 듣고 애먼 사람을 괴롭히는데 엉겁결에 동참할 수도 있다.
 이를테면 할머니의 말에 무심코 고개를 끄덕이거나 맞장구를 치면, 할머니는 기세등등해져서 비난의 빌미를 더 보태고, 공격의 고삐를 더 세게 쥐었다. 선후관계가 이러저러하고 당시 상황이 이러저러했노라고 말하면 전광석화처럼 순식간에 논점이 전혀 다른 이야기를 꺼낸다.
 그래서 하나의 이야기도 매듭이 지어지지 않은 채 여러 가지 이야기를 섞어 혼란을 더했다. 오로지 본인이 하고 싶은 말만 할 뿐, 다른 사람의 말은 아예 듣지 않는 것처럼 보였다. 게다가 할머니는 가장 약한 사람은 끝없이 얕잡아

보며 괴롭혔다. 가장 약한 여성은 가장 먼저 가장 많이 할머니의 독설에 노출되었다.

할머니는 세상에 있을 법한 독한 말은 다 했다. 체내에 쌓인 독을 한 번씩 배출해야 속이 시원한 사람처럼 그녀는 독을 내 품었다. 거기에 비웃음을 덤으로 얹는다. 할머니 입에서 악담이 쏟아져 나올 때는 하얗게 거품이 일었다.

말로 사람을 죽일 수 있는 독이 있다면 그녀의 폭언과 말할 때 나오는 공기와 입가에 생긴 하얀 거품에서 많이 검출되지 않을까.

할머니가 젊었을 때는 하루가 멀다 하고 악다구니를 부렸다. 나이가 들면서 악을 쓰는 것은 줄고 거짓말만 더 교묘해지는가 싶었는데, 아뿔싸, 아니다.

팔순이 가까운 현재도 예전의 혈기가 여전하다. 삼사십 년 전의 욕설과 지금의 욕설이 다르지 않다. 욕이 나이를 먹지 않는 걸까, 그녀의 마음이 예전 그대로인 건가.

하도 모질게 따지고 냉혹하게 후려쳐서 대단한 도덕관과 논리력을 가지고 있어서 그러냐면 그렇지도 않다. 허물 한 점 없이 완벽해서 그러는 것이 아니다. 남들에게 들이민 잣대의 일 할 일 푼이라도 자신에게 들이댔더라면 할머니는 남은 생을 조용히 조심스럽게 살았을지 모른다.

하늘 높은 줄 모르는 이 할머니에게는 치명적인 허물과 죄가 있다. 할머니는 마흔 초반에 바람을 폈다. 드러난 게 그러하다. 무엇이 더 있었는지 모른다. 알고자 하면 방법이 없는 것도 아니겠지만….

하여튼 그해 봄 모내기할 무렵부터 두 사람의 수상쩍은 모습이 동네 사람들 눈에 띄게 되었고 몇몇 소문이 돌았다. 순하디 순하던 그녀의 남편은 두어 달 동안 술을 마시고 평소에 안 하던 싸움을 하고 다녔다.

급기야 그녀의 남편은 '그라목손'이라는 극약을 마셨다. 유월 유두가 지난 1982년 8월 8일 일요일 오후 두 시 반경이었다.

여름방학이어서 시내에서 자취하던 중·고등학생들이 다 고향마을에 들어와 있었다. 자신만만하고 부지런하고 애인에게 사근사근하며 세상에 무서울 게 없던 젊은 여성은 최초의 난관에 봉착했다. 바람은 폈을지언정 남편의 자살까지는 생각지 않았던 걸까.

이 여성은 예기치 못한 고약한 상황을 타개할 필요가 있었다. 스물이 넘는 자식부터 열 살이 넘은 자식까지 새까만 눈을 가진 자식이 여럿이니 망신도 망신이거니와 자식들에게는 무슨 명분을 만들어 엄마 노릇을 이어갈지 머리를 굴렸던 걸까. 영악한 꾀가 났는지 이 여성은 아들도 없고 남편도 잃어서 동네에서 가장 약자인 만동서가 헛소문을 냈노라며 뒤집어씌웠다.

다른 여성들은 건들면 가만있지 않을 장성한 아들들이 있고 남편들이 있으니 제일 만만한 만동서를 물고 늘어졌다. 정말 그러한 것처럼, 실제 억울한 것처럼 그악스럽게 악다구니를 부렸다.

그녀 나름의 진혼곡처럼 날이면 날마다 만동서에게 악을 썼다. 그런데 내용이 괴이했다. "아들도 없는 년이 사람이냐?" 혹은 "아들도 없는 년이 나락은 뭣 하려고 베냐"며 아들 없는 처지를 비꼬는 것이었다. 그렇게 밑도 끝도 없는 시비로 밑도 끝도 없이 도발하고 모욕하고 비웃었다.

만동서에게 함부로 말하고 막무가내로 맞선 역사는 아주 오래전으로 그녀가 결혼한 지 얼마 되지 않을 때부터였다고 한다.

아들을 낳지 못한다고 업신여겼고 시어머니의 사랑을 받지 못한다고 얕잡아보았던 것인데, 결국 아들을 낳지 못하고 딸만 낳으니 업신여김과 조롱은 나날이 더해갔고, 남편까지 잃으니 더욱더 만만하게 대했다. '형님'이라는 호칭보다 '아들도 없는 년'을 대명사처럼 썼다.

제금날 때를 제외하고 별도로 큰시숙한테 전답 천팔백

평을 무상으로 받고도 맏동서를 천하에 둘도 없이 쉬이 여겼다.

큰형이 막냇동생에게 전답을 추가로 주었을 때는 큰집에 아들이 없으니 쟁기질이라도 좀 도와달라는 뜻이었을 텐데, 그녀는 은혜를 원수로 갚았다.

막냇동생은 큰형이 떠나고 불과 열 달이 지나지 않아서 세상을 버림으로써 큰집 농사일을 더 이상 거들어주지 못했다.

맏동서는 사건 전에 그 둘이 만나는 정황을 본 일이 없었고, 소문이 난 경위도 엄연히 다르거니와 봄부터 두 사람의 야릇한 행동을 보았다는 이들이 한둘이 아니었다. 그러니 맏동서가 헛소문을 냈노라는 것은 자녀와 인근 마을에 살고 있던 형제에게 합리화하기 위한 용도였을 뿐, 정작 대놓고 시시비비를 가리지는 못했다.

애먼 아들 타령을 하며 비웃고 조롱하고 모욕하며 괴롭히기를 중요한 일과처럼 수행했을 뿐이다.

두 정인은 조심하는 것을 오래 유지하지 못했다. 두 사람은 어린아이였을 때부터 근동에서 비슷한 처지로 자랐다. 두 사람 모두 생모가 젊어서 개가를 한 사연이 있다. 그녀의 생모는 딸 하나를 낳고 마을로 다시 돌아왔지만, 생모가 앞서가니 뒤서거니 개가를 한 바람에 두 사람 모두 딱하고 불쌍한 어린 시절을 보냈다.

비교적 어린 나이에 생모에게 버림받은 것 같은 느낌은 평생 인격 형성에 상당한 영향을 미칠 수밖에 없고, 젊은 엄마의 개가를 좋게 보지 않았던 사회적 시선으로 자존감에 손상을 입었을 것이며 그로 인해 기가 죽어지낼 수도 있다.

살림 형편도 말이 아니었다니, 포근히 기댈 곳 하나 없이 어린 시절을 보낸 셈이다. 어떤 이는 그런 상황에서 순응하기보다 반발이나 반항이 더 깊어질 수도 있다.

하여튼 그런 사연으로 그 인연은 꽤 깊은 내력을 가지고 있는지도 모른다. 더구나 같은 동네로 시집 장가 와서 매일같이 얼굴을 보고 살았으니 언제부터 얼마만큼 애틋하게 좋아했는지 알 수 없다.

태어나 자란 곳도 같고 결혼해서 정착한 곳도 같고 결국 정분이 났으니 어쩌면 그들은 평생 애틋했는지도 모른다.

마을에서 가장 체격이 좋았던 그녀의 정인은 야윈 부인을 수시로 때려서 부인이 자주 멍든 얼굴로 다녔고, 그녀의 맏동서 집에도 수차례 해코지하기 위해 기세 좋게 들어왔다가 멋쩍게 돌아가곤 했다.

남자는 그녀 집에 손윗동서가 다니러 온 날 밤에도 담을 넘어서 손윗동서를 기겁하게 만들었다. 아마도 손윗동서가 큰집에서 잘 거라고 생각해서 월담한 모양이지만, 남자의 거침없는 행동은 작은 시골 마을에 파문을 일으켰다.

워낙 작은 동네이기도 하지만 유부녀 유부남이 바람을 피우는 일이 작은 일이 아니거니와 남편이 극약을 마시고 세상을 등진 일이 어디 예삿일인가. 그런 참혹한 일이 벌어진 후에도 지속되는 사랑 혹은 불륜을 어찌한단 말인가. 그들에게는 애틋한 감정이고 사랑이었을지라도 각자 대여섯의 자식들은 어찌한단 말인가.

이제껏 한 번도 싸워서 져본 적이 없던 그녀도 이 싸움은 끝낼 재간이 없었나 보다. 무엇보다 둘 사이를 끝낼 수 없어서 더 그랬을 테지만…. 나날이 동네 모든 사람들과 싸움을 번갈아가며 하더니 급기야 서울로 쫓겨나다시피 떠났다.

그 여성은 서울에서 돈을 벌었다. 십여 년이 지난 후, 시골에 집을 지었다. 십몇 년을 비워두어 낡을 대로 낡아 쓰러질 것 같은 옛집을 헐고 새집을 지었다. 할머니는 객지에서 온갖 고생하며 번 돈으로 집을 건축한 위대한 여성이 되었다.

여성의 몸으로 집을 지었다는 것은 할머니의 모든 허물

을 덮고도 남을 만치 어마어마한 치적이 되었다. 집을 지어놓고 몇 년 후 예순이 가까운 할머니를 동네에서 받아들였다. 이때부터 할머니는 말을 잘하더니 점차 변호사 소리를 들었다.

나중에 연인이 병이 들어 죽음을 눈앞에 두자, 매일 연인의 집을 맴돌았고 드나들었고 머물렀다. 동네 사람들의 시선은 안중에 두지 않았다. 연인의 부인도 동네 사람들도 수군거리며 그 대범함에 놀랐지만 굳이 탓하지 않았다.

누구도 예전의 참사를 말하지 않고 그녀의 과오를 말하지 않으면 그만일 것 같은데, 미사여구로 자신의 삶을 칭송받고자 했다면 자신의 좋은 삶만 알리면 그만일 텐데, 스스로 변호사가 되어 삶을 미화하고 훌륭하게 꾸몄으면 그만일 것 같은데, 자신의 허물은 꽁꽁 싸서 깊은 땅속에 묻고, 훌륭한 어머니로 완벽하게 거듭나고 싶으면 남은 생이라도 그리 살면 될 것 같은데….

몸에 밴 습성은 쉽게 바뀌지 않고 체득된 기술은 녹슬지 않나 보다. 할머니는 백 년 이상 큰집 소유였던 얼마 되지 않는 감나무밭을 욕심냈다.

겨울이 오기 전에 굴삭기를 불러 감나무밭을 파낸다고 했다. 백 년 이상 큰집 밭이지 않느냐는 항변은 깡그리 뭉겠다. 추억이 깃든 곳이니 훼손하지 말아 달라는 부탁도 콧방귀로 흘렸다. 감나무밭은 그대로 두면 좋겠다는 하소연을 귓등으로도 듣지 않았다.

밭을 매다가 쉬었고, 홍시를 따 먹거나 간식을 먹었고, 바람을 쐬며 윗동네로 구불거리며 넘어가는 길을 보았고, 오순도순 쉬었던 자리를 훼손시키기 싫어서 몇 평 되지 않는 감나무밭이지만 부득이 측량을 했다. 그랬더니 한걸음도 안 되는 땅이 밀려있다.

땅은 백 년 이상 변함없이 그대로인데, 일제강점기 당시 지적도를 현재 인공위성으로 측량하는 데서 오는 오차에 불과한데도, 1미터 남짓한 그 땅에 검은 비닐을 씌우고 들깨를 심었다.

또 하나 새로 드러나게 된 것은 엉뚱하게도 한 마지기의 논이 비교적 최근에 할머니 아들 소유로 넘어가 있는 것이었다.

할머니 밭에 손바닥만 한 것이 있으니 맏동서에게 달라고 하여 맏동서가 준 적이 있다는 것을 동네에서 모르는 사람이 없는데, 손바닥이 참 크기도 하지, 손바닥만 한 것이 논 한 마지기다.

한 마지기 논도 논이지만 땅 모양이 엉뚱하다. 땅과 지적도 모양이 서로 다르다. 땅은 가로인데, 문서는 세로로 들쭉날쭉하다. 어찌 됐든 정리가 돼야 논이 논 노릇을 할 참이다. 바로잡자고 제안했다. 그랬더니 수많은 거짓말과 욕설과 도발과 모욕하기를 밥 먹듯 숨 쉬듯 했다.

서너 명이 들어도 태연하게 거짓말을 하므로 하는 수 없이 대화를 녹음할 수밖에 없었다. 논리도 없이 막무가내로 부아를 냈고 부아를 돋았다. 수십 년 동안 취한 자기합리화가 공고해진 것 같았다.

그녀의 남편이 두어 달 동안 술에 취해 여러 사람들하고 싸움을 하고 다닌 것은 중학생인 내 눈에도 자주 목격됐었다. 여름방학 중인 데다 너무 충격적인 일이어서 사건 전 보름 정도의 일들이 꽤 생생한 기억으로 남아있는 것을 어쩌랴. 자신의 기억은 왜곡하고 조작할 수 있겠지만, 있는 사실과 다른 사람들의 기억까지도 우기고 조작할 것인가.

동네 사람들이 다 아는 일을 자신만 부정하면 되는 일인가. 그런 상황이 재현되면 영락없이 옛 기억이 떠오를 줄 몰랐던가. 비슷한 맥락을 만나면 유년의 강력한 기억들이 바로 소환될 줄 몰랐던가. 다들 면전에서 말을 하지 않았을 뿐인 것을 모르는가.

말 잘하는 할머니가 변호사라는 말까지 들어가며 미화하고 변호하려고 했던 것은 무엇이었을까. 무던한 심성과 짠한 연민과 놀라운 기쁨과 상심과 후회와 뿌듯함과 다행스러움을 골고루 느끼는 사람은 애써 자신의 삶을 변호하려고 기를 쓰지 않는다.

내세울 게 있든 없든 애면글면 살아온 삶 그대로를 받아들인다. 억지로 미화하여 무엇을 더하려고 하지 않는다. 거짓말과 악담으로 타인을 궁지로 몰지도 않는다.

할머니는 아주 어렸을 때부터 어른들과 논쟁이 심했다고 한다. 순종이나 복종이나 사회적 질서를 존중하기보다 지기 싫은 마음이 누구보다 컸다는 소리다. 어른들과도 거침없이 논쟁하고 대들고 지지 않았으니 약자야 오죽하랴.

무작정 이기려다 보니 거짓말과 괄시와 이간질을 서슴지 않았고 거짓말과 욕심과 사나움은 평생을 관통했다.

아무리 오랜 시간이 흘러도 여전한 언행으로 보아 반성과 성찰은 해본 적이 없는 것 같다. 그래서 그런지 도무지 하늘도 두려워하지 않는다. 헤아릴 수 없이 다른 사람의 아픔을 조롱하고 비웃고 얕잡아보고 업신여기면서 양심에 거리낀 적이 있었는가. 잘못했다는 생각 자체가 없으니 미안한 마음이 한 푼이라도 있을 까닭이 없다.

할머니는 이해가 걸린 상대방을 몹시 성가시게 하였다. 동서들과 동네 이웃들도 엔간히 고초를 당했다. 교묘하게 부아를 돋우는 험한 말에 대꾸를 할 수도 안 할 수도 없다.

말이 안 되는 기막힌 소리에 잠 못 드는 밤이 하루 이틀이었으랴. 흰 거품을 물며 세상에 있는지도 모를 험한 욕을 다하는 일그러진 얼굴을 대면하는 불쾌하기 짝이 없는 경험은 어쩌랴.

매듭이 지어지지 않은 채 지속되는 오기들로 인해 일상의 평온이 깨어지는 것을 피할 도리가 없다. 할머니에게 수없이 고초를 당한 이들을 기억하고 추모하고자 기록을 남긴다.

그러고 보니 유년기부터 거짓말, 약자에 대한 괴롭힘, 이간질, 논리 없는 싸움질, 안하무인, 패악, 비열한 웃음 등을 무던히도 싫어했던 것이 다 연유가 있다.

거짓말은 복잡하고 참말은 명료하다. 거짓말은 그때그때 다르고, 참말은 투박할지라도 늘 한결같다. 달콤한 아첨의 말과 지나친 자기 자랑은 진실을 담고 있지 않다. 아름답게 자신을 치장하는 만큼 엄청난 욕심과 허물을 감추고 있을지도 모른다. 이 변호사 할머니처럼.

산중에서의 여름날

:

 여름은 덥다. 더우니까 방학도 하고 더우니까 피서도 한다. 시국도 시국이지만 도무지 어디를 다니지 않는다. 오로지 집과 직장을 오갈 뿐. 소싯적에 놀던 친구들 태반이 서울에 가 있고, 즐겁게 놀던 시절도 까마득히 멀다.
 워낙 산간벽지 시골인지라 지금 초등학교라 불리는 학교에 다닐 때는 한 시간을 걸어야 학교에 갈 수 있었다. 6년 동안 한 시간을 걸어서 학교에 가고 한 시간을 걸어서 집에 왔다. 우리 동네에 동창이 몇 명 되지 않아서인지 우리 동네와 윗동네 아이들이 모여서 등하교를 했다.
 여름방학이 다가오기 전 땡볕에서 걷는 하굣길은 길고 길었다. 등교는 한 시간이면 그만인데, 하교는 두어 시간이 훌쩍 지나기도 했다. 하굣길에 해찰하고 노느라 집에 귀가하는 시간이 늦어졌다. 해찰하는 시간이 가장 길어질 때가 여름방학을 앞둔 나날들이다.

집에 돌아가는 길이 먼데다 햇볕은 강렬하고 신작로에는 그늘이 드물었다. 학교에서 우리 동네까지 가는 길에 멱을 감을 장소가 서너 군데 있다. 멱 감기 좋은 곳은 냇물이 넓고 둥글게 파여 있어야 하고, 냇바닥에 둥근 돌과 자갈이 고르게 깔려 있어야 한다. 오래전부터 선배들이 다듬어 놓은 놀이터다.

큰비가 와서 날카로운 돌들이 떠 내려와 있으면 그 돌을 치우고 놀이터를 다듬었다. 언니들 따라 놀던 냇물에서 친구들과 동생들과 놀았다.

남자애들과 여자애들은 한 웅덩이에서 놀지 않았다. 서로 몇 미터 떨어져서 따로 놀았다. 남자애들은 웃통을 벗고 놀았지만, 우리는 입은 옷 그대로 물에 들어가서 놀았다. 한참을 첨벙거리고 놀다가 더위가 가시고 추워지면 물에서 나와 옷을 군데군데 잡아 물기를 짜 툭툭 털고는 길을 나섰다.

더위가 사라져서 길을 나서도 얼마 가지 못해 다시 뜨거운 햇볕에 진이 빠졌다. 물놀이가 당긴다. 친구들이 냇물을 찾는 것은 한두 번은 당연하고 과할 때는 세 번까지도 냇가로 가서 물놀이를 했다.

방학이면 동네에 있는 물놀이 장소에서 멱을 감았다. 다

이빙도 하고 개헤엄도 치며 무더운 삼복더위를 났다. 입술이 파래지도록 놀다가 큰 바위에 옷을 말리기도 하고 큰 바위에 누워 덜덜 떨기도 했다. 따뜻한 혹은 뜨거운 바위에 앉고 눕노라면 금세 붉은 입술로 돌아왔다.

중학생이 되었을 때는 더 이상 멱을 감으러 가지 않았다. 아무리 더워도 다 큰 중학생이 냇물에 들어갈 수는 없다.

동네에 아이들이 줄더니, 어느 순간부터는 아이들도 냇물에서 멱을 감지 않았다. 윗동네에서 소를 키우는 집들이 하나둘 생기자, 냇물이 깨끗하지 않았다.

집에 한두 마리 소는 늘 키웠다. 그러나 열 마리 혹은 더 많이 키우는 축산농가가 늘자, 냇물이 오염되었다. 아이들이 놀지 않자, 멱 감던 곳에 모래가 더 쌓이는가 싶더니, 예전에 즐겁게 놀았던 그곳인가 싶을 만치 한 해 한 해 변해갔다.

여름방학 오후가 되면 온 동네 아이들이 모두 소를 몰고 집을 나섰다. 워낙 산중이라 사방이 산이다. 소 꼴 먹이기 좋은 장소가 대여섯 군데 있어서 돌아가며 소를 몰고 갔다.

"오늘은 진남재여"
"오늘은 대통굴로 간다"

"오늘은 용두굴이여"

따로 굳이 연락을 하지 않아도 소목에 매단 워낭소리와 오늘 갈 장소를 외치는 목소리가 골목을 훑으며 내려오기 때문에 당일 행선지를 모르는 아이는 아무도 없다.

소가 없는 집 아이는 염소라도 끌고 행렬에 합류했다. 어떤 아이는 두 개의 고삐를 쥐고 한 마리는 앞세우고 한 마리는 뒤세우고 소를 뜯기러 갔다. 소를 풀어둘 방향이 정해지면 일제히 소들을 한 곳으로 보냈다.

소들은 유유자적하게 풀을 뜯었다. 겁이 많은 소들은 서로 흩어지지 않았고 해거름이 지기 전에 처음 풀어준 자리로 다들 돌아왔다.

우리는 그동안 넓은 자리를 차지하고 놀았다. 나뭇가지 두어 개를 깔개 삼아 산 썰매를 타고, 나이 따먹기를 하고, 땅따먹기를 하고, 방망이도 없고 투수도 없는 손 야구를 하고, 작은 돌조각들로 공깃돌 놀이를 하고 놀았다. 위아래로 네댓 살 차이는 모두 어울려 놀았다. 한 사람도 소외되지 않았고 한 사람도 심심할 새가 없었다.

아무리 여름이기로 산중은 해가 빨리 지는 데다, 해가 지기 시작하면 순식간이므로 오빠들이 소를 찾으러 가기도 했다. "워어" 소를 부르고, 소고삐를 잡아 길을 잡으면 나머지 소들도 다들 따라 나왔다. 아직 해가 서쪽 하늘에 있을 때, 각자 소들을 몰고 일렬로 줄지어 산에서 내려와 각자 집으로 흩어졌다.

여름방학이 한참일 때, 방학숙제 중 하나인 건초 만들기도 해야 했다. 여름방학이 끝나고 개학할 때, 정해진 양의 건초 더미를 머리에 이고 옆구리에 끼고 멜빵으로 등에 지고 학교에 갔다. 언니나 오빠가 동생들의 숙제를 같이 가지고 갔다.

그 좋은 소 뜯기기를 4학년이 되면서는 많이 못 갔다. 그 대신 그 많은 밭에서 풀을 매고 산으로 도라지를 캐러 다녔다. 잡초를 제거하는 제초제를 거의 쓰지 않던 때라, 온 밭의 농작물을 키우기 위해서는 수없이 밭을 매고 또 맸다.

겨우내 점심은 고구마다. 적어도 우리 동네에서 고구마는 구황작물이 틀림없었다. 해 짧은 겨울철 점심에 밥을 먹는 집은 없었다. 하는 일도 적은데 점심에 곡식을 먹을 수 없다는 것이 80년대 초중반까지 우리 동네 불문율이었다.

그랬기 때문에 고구마를 가장 많이 심었다. 고구마밭은 네 번 맨다. 풀을 뽑고 흘러내린 흙을 쓸어 올려 두렁을 보강한다. 네 번째 고구마밭은 매기가 수월하다. 줄기가 엉

클어져 풀이 덜 난다. 줄기를 젖히며 큰 풀들을 뽑아주면 된다. 호미가 많이 쓰이지 않아도 밭을 맬 수 있다. 밭을 매노라면 콩밭도 고추밭도 줄을 서서 기다린다. 밭을 매고 틈틈이 도라지를 캤다.

 제초제는 쓰였다. 맹독이라니 잘 쓰지 않았고, 하던 농사이니 하던 대로 손발을 움직여 논밭을 일구었을 따름이다.

 1982년 8월 8일 일요일 오후 두 시반경이었다. 여느 때처럼 밭을 매다가 점심이 늦었다. 한나절 농사일을 끝내고 집으로 올 때조차 빈 걸음으로 오는 법이 없었다.

 밭에서 내려올 때는 연이은 산에서 잔가지라도 묶어서 머리에 이고 내려왔다. 잔가지를 묶어서 한 덩어리씩, 이고 내려오는데, 아랫집이 소란했다. 사람들이 어수선하게 몰려있었다.

 덥고 더운 여름 한낮, 오후 3시가 채 되기 전, 사람들의 움직임이 예사롭지 않다. 정신없이 부산했다. 머리에 인 나뭇짐을 마당가에 부리고 엄마가 허둥지둥 아랫집으로 갔다. 우리는 배가 고픈 것도 잊고 무더위도 잊고 아랫집에서 벌어진 일에 감각을 곤두세웠다. 엄마가 올라와 상황을 알려주고 다시 갔다.

 그 집 가장이 '그라목손'을 마셨다고 했다. 맹독인 제초제다. 그 약을 먹고 산 사람이 없노라 했다. 그 어른이 너무

나 안타까웠다. 심장이 떨렸다. 오싹 한기가 들었다.

우리 동네는 산중이라 버스가 다니지 않았다. 택시를 불러도 오가는 시간이 얼추 한 시간은 걸려야 병원에 도착할 수 있다. 경운기가 남자를 싣고 떠났다. 택시를 불러놓고 경운기로 먼저 나선 모양인데, 아마도 어려운 상 싶었다. 매달렸다는 오빠와 동생이 가여웠다. 나도 모골이 송연한데 그들은 오죽하랴.

어른들의 일이라지만 그런 죽음은 여태 본 적도 상상한 적도 없다. 지난 초겨울에 아버지를 잃었지만, 아버지는 오래 지병으로 고생하시다가 돌아가셨기 때문에 양상이 달랐다. 그렇지만 위 아랫집의 연이은 초상에 어린 시절은 그 길로 끝나버렸다.

봄부터 동네에는 많은 말들이 돌았다. 산중 작은 동네에서 유부녀와 유부남이 바람을 피운다는 것이다. 남자야 워낙 넉살도 좋고 먹성도 좋고 덩치도 좋았다. 우리 집에도 자주 와서 뭐든 맛깔나게 먹었고 유쾌하게 잘 웃던 사람이다.

여자야 워낙 사나워서 말도 못 붙이게 무서웠다. 인사 외에 따로 이야기를 나눠본 기억이 거의 없다.

'그라목손'을 마신 남자는 두어 달 술을 마시고 다녔다. 일도 덜 했다. 샘에서 물을 길어 오다 보면 그 남자가 멱살을 잡힌 채 방으로 끌려들어 가는 모습을 한두 번 본 게 아니다. 입맛이 까다로웠지만 누구보다 인정 많던 어른이 불쌍했다.

별나게 술을 자주 마시고 별나게 이 사람 저 사람과 싸우고 다니더니, 그는 아주 멀리 가버렸다. 술로도 도저히 버티지 못했나 보다.

놀만큼 놀고 일할만큼 일한 유년의 여름날. 얼어붙을 만큼 놀라고 끝나버린 유년. 산중에서의 여름날은 그렇게 지나갔다.

즐거운 날만 있는 것도 아니었고, 힘든 날만 있는 것도 아니었고, 아름다운 옛정서만 있는 것도 아니었고, 무정하고 냉정한 사람들만 있는 것도 아니었다. 마냥 아름다운 유토피아도 아니었고, 그렇다고 삭막하고 적막한 곳도 아니었다.

지금은 아득히 사라져 가는 농촌 정서를 찐하게 간직하고 있으니 산중에서 자란 것은 축복이었을까. 이른 나이에 무진장 일을 하고 험한 꼴도 보았으니 산중에서 자란 것은 불행이었을까.

여름이 간다. 시국이 시국인 만큼 어디 계곡에 가서 발 한 번 담그지 못하고 여름이 간다. 처서가 지나니 날이 한

층 순하다. 열매가 자라고 여물려면 한동안 낮에는 더울 것이다.

  나는 여름나기가 가장 힘들다. 꼭 땡볕에서 하루 종일 밭을 매던 때처럼 뜨거운 태양이 무섭다. 머잖아 가을이다. 올해도 여름 나기가 끝나가니 한해 수고로움이 끝나가듯 다행스럽다.

주파수

⋮

 이른 아침, 가장 먼저 하는 일이 라디오를 켜는 일이다. 라디오는 늘 주파수가 고정되어 있다. 출근길 주파수도 고정되어 있다. 아주 가끔 다른 주파수로 돌렸다가 다시금 처음의 자리로 돌아오기까지 시간이 오래 걸리지 않는다. 오래 주파수를 맞춰온 이유가 있는 것이다.
 자라는 동안 미디어에 대한 노출은 라디오가 전부다. 나는 면에서 가장 높은 지대에 위치한 산간벽지 오지 작은 동네에서 자랐다. 76년 혹은 77년경 전봇대가 들어서고 전기가 들어왔다.
 그러자 한 집 두 집 텔레비전이 생겼다. 나는 텔레비전이 신기하고 재미있는데 아버지는 텔레비전을 완강히 거부했다. 아버지는 텔레비전을 살 수 있는 돈으로 가마니 짜는 틀과 새끼줄 꼬는 기계를 샀다. 엄마는 건넌방에서 가마니를 짜고 열 살이었던 나는 맞은 편 처마 밑에서 새끼 줄을 꼬았다.

아버지는 결국 돌아가실 때까지 텔레비전을 집에 들이지 않았다. 전기가 들어오고 30촉 백열등이 켜지고, 무거운 건전지로 듣던 라디오가 전기 코드에 꽂힌 것이 변화라면 변화였다. 라디오만이 마루 끝에서 뉴스를 전하고 노래를 들려주었다.

아버지는 음악을 즐겨 들었고 가끔 노래를 부르셨으므로 유희 자체를 싫어한 것 같지는 않다. 다만 텔레비전은 원치 않았다. 아버지가 안 계셔도 한동안 텔레비전은 집에 없었다. 그런 까닭에 중학교를 마칠 때까지 집에 텔레비전이 없었다. 덕분에 나의 유희도 오랫동안 음악 듣기와 책 읽기가 주였다.

라디오를 필수품으로 두고 살아서인지 주파수에 관심이 많다. 헤르츠마다 다른 색깔을 띠고 있으나 내가 듣는 헤르츠는 늘 어느 지점에서 멈춘다. 책을 읽을 때 맞는 주파수가 있다. 방해를 받지 않되 생활소음보다 아름다운 음률을 듣는다.

고래는 고래의 주파수로 소통하고 박쥐는 박쥐의 주파수로 산다. 꿀벌은 8자 모양의 춤으로 알아듣고 개미는 더

듬이를 맞대고 이야기한다. 나는 어떤 주파수로 세상과 소통하고 있을까.

어떤 행위를 할 때 지향하는 것에 따라 드러난 모습이 다르다. 지향하는 것이 무엇인지, 그가 송출하는 헤르츠가 무엇인지 머리에서 발끝까지 모두 드러난다. 가장 많은 근육이 있는 얼굴과 가장 많은 뼈가 있는 손이 주파수가 가장 잘 드러나는 부위다.

얼굴에도 손에도 이야기하지 않는 이야기가 가득하다. 가끔 사람의 얼굴을 보거나 손을 바라볼 때면 그 사람을 알 것 같은 느낌이 든다. 언젠가 사람이 죽어 심판을 받을 때 손만 바라보고도 좋은 곳으로 보낼 사람이 걸러지겠다고 생각한 적이 있다.

심하게 뒤틀어지고 솥뚜껑처럼 투박한 엄마 손을 만지작거리다가 "한 번 보면 알지 뭐" 했다.

주파수는 직관이다. 사상이든, 지향하는 가치든, 좋아하고 싫어하든 주파수는 직관이다. 아름다운 것을 좋아하나 교언영색을 아름답게 보지 않고, 옳은 것을 좋아하나 꽉 막힌 틀을 좋아하지 않으니 직관으로 판단하는 것도 만만치 않다. 눈 깜짝할 새에 빅데이터가 작동하여 직관적으로 알아보는 경우도 적잖다.

주파수는 감각이다. 눈에 보이든, 손에 잡히든, 귀에 들리든, 코에 스미든 주파수는 감각이다. 사람도 사물도 소리도 향도 감각이다.

 나는 청각에 예민하다. 따뜻하고 부드러우며 굵고 낮은 소리에 편안함을 느낀다. 아름답고 섬세한 소리에 숨이 멎고 웅장하고 진중한 소리에 전율한다.
 그래서인지 듣기 싫은 소리만큼 괴로운 것도 없다. 오감 중 청각에서 가장 예민한 감각을 느낀다. 가장 행복할 때가 아름다운 음악을 들을 때이고, 가장 괴로울 때가 듣기 싫은 목소리를 들을 때인 것을 보면.
 나는 세상과 얼마만큼 소통하고 있을까. 지지직거림이 없는 선명한 목소리를 듣고, 명료한 목소리를 내는가. 젊었을 때는 하고 싶은 말을 꾹 참고 지내는 일이 잦았다.
 나만의 채도와 명도를 가지지 못했다. 짐짓 알아서 물러서고, 목소리를 내지 못하고 꿀꺽 삼킬 때가 많았다. 나서지 못하고 말을 삼키지만 생각은 멀쩡했다. 나이가 들어가며 편해진 것은 짐짓 알아서 물러나고 눈치껏 숨죽이던 일이 줄어든다는 것이다. 더 이상 밋밋하고 맹맹하지 않다. 해야 할 말은 하고, 해야 할 행동도 한다.
 듣고 싶지 않은 말은 어느 정도 차단하는 법도 늘었다. 어차피 모든 헤르츠가 필요하지 않을 뿐만 아니라 모든 헤르츠의 말들이 나에게 와서 닿지도 않는다.

  주파수가 분명해야 목소리가 선명하다. 내가 골라 듣는 음악이 그러하고, 내가 골라 읽는 책이 그러하고, 내가 골라 만나는 사람이 그러하다.

  라디오를 나지막이 켜놓고 책을 읽는다. 어떤 음악에는 볼륨을 잔뜩 키우고 창밖을 바라본다. 내가 듣는 음악도 내가 읽는 책도 내가 만나는 사람도 주파수가 맞다. 귀 기울일 수 있는 소리가 있어서 다행이다.

사람 공부

:

　사람을 안다는 것은 그리 간단치 않다. 열 길 물속은 알아도 한 길 사람 속은 모르는 법이다. 다른 사람은 고사하고 정작 자신에 대해서도 잘 모른다.

　내 속엔 내가 너무도 많다. 때로는 꽃잎이 되고, 때로는 종알거리는 참새가 되고, 때로는 보드라운 바람이 지나가고, 때로는 황량한 들판이 되고, 때로는 날카로운 가시가 된다.

　호박죽이 싫다고 떼를 쓰던 아이도 있고, 다정하고 유쾌한 친구도 있고, 아이들과 친정과 시댁이 세상 전부인 양산 모성의 시간이 있고, 사회정의가 뒷목을 당긴 평생이 있고, 낭만을 안주 삼아 한 잔 술에 얼근한 한량도 있고, 절간 같은 고요 속에 머물며 책 속에 빠진 중년도 있고, 오로지 일에 집중하는 직장인의 모습도 있다.

열등감도 우월감도 느꼈고, 질투도 했다. 좌절도 했고 원망도 애정 못지않았다. 애쓰다가 미워도 했다. 손절한 사람도 있고 거리를 두고 사는 사람도 제법 된다. 다른 사람은 고사하고 내 안의 나를 안다는 것조차 간단치 않다.

사람은 아주 오래된 호기심의 대상이다. 나와 관계된 사람이 어떤 사람인지 궁금하다. 사람은 같은 듯 다르고, 사람 속은 알 수 없다. 누구와 함께 하느냐에 따라 편하고 불편함이 하늘만큼 땅만큼 다르다.

그리하여 조상들은 사주팔자로 길흉화복을 알고 싶었고, 태어난 별자리로 단서를 얻고자 했다. 사람을 알고 싶은 것은 동서양이 따로 없다. 사람을 알고 싶은 것은 본능이다.

낯선 사람을 만나면 싸워야 할지 도망가야 할지 안심해도 될지 순식간에 결정해야 한다. 농경사회에서는 그 사람이 그 사람이다. 낯선 사람이 드물다.

지금은 세상이 복잡하게 얽히고 문화가 다양해졌다. 그런 만큼 낯선 사람들을 도처에서 숱하게 만나기 마련이다. 사람들을 이해하고자 하는 욕구도 덩달아 커졌다.

심리학이 본격적으로 쓰인 것은 제1차 세계대전과 제2차 세계대전 사이다. 전쟁은 삶을 흔들어놓았다. 전쟁에서 입은 상처는 크고 깊다.

목숨이 오가는 일은 아니지만 우리 삶도 전쟁 같다. 크고 작은 갈등 속에 놓이는 것은 필연적이다. 때로는 전쟁을 치르듯 산다. 전쟁이 끝난 후에는 어쩔 수 없이 크든 작든 상흔이 남는다. 패잔병도 없고 승리자도 없다. 전쟁을 겪었다면 상흔을 살피고 치유해야 산다.

내가 심리학에 관심을 둔 것은 고등학교 때이다. 심리학이라기보다 상담에 관심이 많았다. 십 대 후반 우리는 고민이 많았다. 나에게도 상담자가 필요했고, 친구들도 고민이 많았다.

우리는 일찍 성숙한 애어른들이었고 취약한 사회적 약자들도 많았다. 대학을 안내하고 격려했던 상담 선생님처럼 언젠가 나도 상담을 공부해서 다른 사람을 돕고 싶었다.

서른일곱 살이 되었을 때 -막내가 어린이집에 가게 되면서 아이들로부터 어느 정도 해방되었을 때- 인근 대학교 평생교육원에서 논리논술을 배웠다. 비로소 삶이 충만했다. 이 충족감을 잊을 수 없었고 잃을 수 없었다.

소소하지만 하나씩 배우며 살고 싶었다. 그동안 오로지 참고 견딘 것일 뿐, 온전한 삶을 산 느낌은 없었다. 죽지 않을 만큼의 경제상황이 지속되는 바람에 몸과 마음으로 온갖 불합리와 요지경을 견뎠다.

아들들 키우기도 버거운 형편에 적금을 부으며 도리를 한들 기대에 부응하기란 턱도 없다. 돈으로 통치지 못하니 온갖 치다꺼리를 노동으로 숱하게 때워야 했다. 부족한 돈 이상으로 노동이 투입되어야 한다. 노동은 티도 안 나고 값어치가 매겨지지 않았다.

그러느라 심신이 부대낄 대로 부대낀 서른일곱 살이었다. 돈 고생과 몸 고생, 마음고생이 삼중고로 겹친 이십 대와 삼십 대를 보내고 있었다. 친정과 시댁에서 벗어나 오로지 나의 욕구를 충족할 삶이 절실했다.

다음 학기부터 상담 공부를 했다. 평생교육원 공부는 교양 차원일 뿐 아무래도 양에 차지 않았다. 친정엄마가 돌아가실 무렵 대학교에 진학했다. 친정엄마마저 돌아가시면 친정에서의 의무와 책임은 마침표를 찍고 끝난다.

막막하고 허전하고 서러운 마흔에 새로 시작한 행보가 대학교다. 교육학을 전공으로 선택한 이유는 그 대학 체계에서 상담과 가장 가까웠기 때문이다.

학부에서는 교육학 전반을 공부했고, 석사 세부 전공은 교육철학이다. 박사과정도 마찬가지다. 철학을 공부하며 살면 좋으련만 공부만으로 살 재간이 없다. 평생 선비처럼 공부만 하고 살 수도 없는 노릇이다.

사회에서 쓰일 상담 공부를 병행하며 국가자격증도 바

로바로 취득해두었다. 학부는 여덟 학기 전액 장학금으로, 대학원은 장학금과 장학재단 대출을 이용했다. 경제적 독립은 필수과제다.

결혼 전에는 대학교에 보내주겠다더니 정작 학교에 다닌 지 삼 년째 이르자, 돈을 벌지 않고 공부하는 게 불만이다. 공부한다고 구박하면 눈 질끈 감고 되레 책 속으로 들어갔다.

어차피 자립하려면 준비기간은 필수다. 배우다 중간에 그만두면 어디에 쓸 것인가. 옷감을 짜다가 중간에 끊어버리면 끊어진 조각으로 무엇을 만들랴.

구박이 올 때마다 '모든 시간이 지나갔듯 이 시간도 결국 지나가리라' 스스로 다독였다. 별수 있는가. 보고 싶은 책을 실컷 읽는 것으로 구박받은 값을 치렀다.

석사를 마치고 다행히 일할 기회가 왔다. 전업주부로 이십여 년을 살았기에 다시 온 기회가 반갑고 감사했다. 심리와 상담일을 한 지는 십 년이 다 되어 간다. 십 년 가까이 꽤 많은 심리검사를 했다. 심리 혹은 상담 관련 연수를 받은 시간도 천 시간은 족히 될 터이다.

근래에는 한 해에 칠팔십 명의 학생들을 만나 심리검사를 한다. 집중적으로 검사를 하는 시기에는 몸도 마음도 시달린다. 아이들의 안타까운 상황들을 고스란히 접하기 때문이다.

환경과 부모의 영향이 얼마만큼 큰지 실감한다. 타고난 기질과 성장한 양육 환경 사이의 상관관계를 들여다본다. 이 학생들을 어떻게 도울지 모색하려면 전반적인 상황 파악은 필수다.

사람을 안다는 것은 얼마나 힘에 부치는 일인가. 한 번의 간략한 검사로 정확히 알기도 어렵지만, 어느 정도만 알아도 숨이 차고 기력이 달린다. 줄지어 검사를 진행하고 주말이면 온갖 자료를 펼쳐놓고 검사 결과 보고서를 작성한다.

한 달 이상 그러고 나면 진이 빠진다. 틈틈이 음악을 듣지 않고는 견디기 힘들다. 지친 영혼을 샤워하듯 음악을 흠뻑 듣는다. 달달한 커피를 들이마시고 퇴근 후에는 꼼짝 못 하고 누워 지낸다.

검사로 끝나는 일이 아니다. 어떻게 도와야 할지 어깨가 무겁다. 어디까지 도울 수 있을지 염려가 크다. 학생들을 도와줄 선생님들을 위촉해 운영한다. 누구를 어느 선생님과 매칭해야 가장 좋을지 궁리가 이만저만이 아니다. 도와주는 분들께 학생들을 매칭 하면 비로소 하나의 단락이 끝난다.

그때서야 무겁게 어깨를 짓누르던 책임감과 안타깝고 절절한 맥락에서 조금 놓여난다. 수많은 학생 중 내가 도울 아이들 열 명 남짓만 남겨놓아도 어깨가 가볍다.

비로소 봄을 만끽하고 비로소 꽃을 찬탄할 수 있다. 사람을 안다는 것은 얼마나 벅찬 일이랴. 사람을 안다는 것은 얼마나 많은 책임감을 느끼는 일이랴.

굳이 심리검사가 아니라도 제법 만만치 않았던 세월을 살아오며 겪은 인간군상은 또 얼마나 많은가. 현실세계에서의 임상경험도 차곡차곡 쌓여 나름 판단기준이 되고 분류가 이루어진다.

현실세계에서의 인간관계는 대체로 상식적인 수준에서 이루어진다. 버거우면 거리를 두면 그만이다. 불편하면 굳이 애써 진을 빼지 않는다. 나름 임상경험이 쌓인 결과인 셈이다.

심리검사를 하면 어느 정도 파악은 가능하다. 검사는 측정하고자 하는 영역이 있고, 타당성과 신뢰성을 확보한 검사는 가치가 있다. 그렇다고 하여 검사로 다 알 수 있는 것은 아니다. 검사가 알고자 하는 영역 이상은 알 수 없다.

한 사람의 일생을 알 수 없고 역사도 알 수 없다. 그저 그 사람의 지금 상태를 잴 수 있을 뿐이다. 그도 아주 세밀하게 정확하게 잰다는 보장은 없다.

　사람을 안다는 것은 결코 쉬운 일이 아니다. 나도 나를 다 모르는데 어찌 남을 다 알 수 있는가. 여러 검사를 해도 나 자신의 욕망과 가치관과 심리 기저가 뚜렷하지 않을 때가 제법 있다.

　안다고 여기다가도 어느 순간 당황스러운 나를 만나는 때가 있다. 아이가 떼를 쓰는 것 같은 난처한 느낌이 드는 순간이 있다. 유치하기 그지없다. 점잖아지기는 아직 멀었다.

　나든 남이든 판단을 중지하고 현재 상황을 본다. 역사와 맥락을 이해하려 노력한다. 미시적으로 보고 거시적으로 보려 한다. 현상학과 해석학과 심리가 멀지 않다.

　철학과 심리가 다 사람 공부다. 사람 공부는 나 자신을 아는 것에서 시작하여 결국 나 자신을 아는 것에서 끝나는 것이리라.

당신의 MBTI는

⋮

　어떤 이가 나의 MBTI를 규정해주었다. 그는 보면 안단다. 혜안인가? 독심술인가? 아무리 과학적이지 않은 검사라도 보면 안다는 것은 도대체 무슨 자만이며 오만인가. 나를 얼마나 잘 알기에 나의 유형을 결정해주나. 검사 절차도 없이.
　현재 일반인들이 가장 많이 쓰는 MBTI 성격검사는 네 가지 기본 선호 경향을 파악하여 그 조합으로 성격을 열여섯 가지로 구분한다.
　첫 번째는 에너지의 방향이 어디로 향하는지에 따라 외향형과 내향형으로 나눈다.
　두 번째는 정보를 수집하고 인식하는 기능이 감각에 의존하는지, 직관에 의존하는지에 따라 감각형과 직관형으로 나눈다. 오감을 통해 직접 경험한 것을 인식의 토대로 삼는지, 육감과 영감에 의존하는지 관찰이 쉽지 않다.

세 번째는 수집한 정보를 토대로 어떻게 판단하고 결정하는지에 따라 사고형과 감정형으로 구분한다. 논리적 합리적으로 결정하는지, 상황적 관계를 고려하여 결정하는지는 현실에서 매우 다르게 나타난다.

마지막으로 인식하고 판단한 기능들이 생활양식으로 나타나는 판단형과 인식형이 있다. 결정한 것을 미리 계획하고 준비해서 실행하는지, 상황에 유연하게 대응하며 최대한 결정을 미루는지는 실제 생활 장면에서 상당히 다르게 나타난다.

이런 네 가지 선호하는 경향을 조합하면 열여섯 가지 스타일이 나온다.

굳이 성격을 열여섯 가지 유형 중 하나라고 단정하는 것은 썩 내키지 않은 일이다. 사람이 그리 간단하게 열여섯 가지 범주로 묶일 수 있다고 보지 않기 때문이다.

심리검사는 과학적이어야 하고, 안정적이어야 한다. 그러나 이 검사는 그렇지 않다. 과학적인 근거가 약하고 검사 결과가 자주 바뀜으로서 안정적이지 않다.

에너지의 방향이 바깥으로 향하는지 자신의 내부를 향하는지는 검사시점에 따라 다르고, 엇비슷하게 사용하는 사람도 드물지 않다. 판단형인지 인식형인지도 검사 당시 생활양상에 따라 달라지기 쉽다. 비등비등하게 사용하는 사람도 제법 있다.

이 검사의 목적은 익숙함과 다름에 대한 이해를 돕고자 함이지, 사람을 틀에 규정하는 데 있지 않다. 실제 이 검사는 시기나 상황에 따라 두세 번 유형이 바뀌어 나오는 일이 흔하다.

나도 E와 I가 엇비슷하고 J와 P 차이도 별로 없다. 외향적인 면과 내향적인 면이 혼재해 있고, 판단형이지만 인식형의 스타일도 제법 가지고 있는 셈이다.

어렸을 때는 외향형이 우세였고 나이가 들수록 내향형이 점유를 넓혀가고 있는 것 같다. 또 계획이 촘촘하지 않고 미루는 일도 흔하지만 일에 있어서만큼은 확실한 판단형이다.

MBTI를 처음 접한 것은 오래전이다. 상담과 심리를 배우며 처음으로 해본 검사다. 무겁지 않게 심리에 다가갈 수 있다. 병리를 진단하지 않고 심리적 어려움을 드러내지 않은 채 서로의 다름을 이해하기 적당하다.

외향적 혹은 내향적이라는 구분은 이미 익숙한 패턴이라 거부감이 별로 없다. 에너지가 사그라지지 않는 유난히 활발한 친구를 봐왔고 말과 행동이 크지 않거나 시간이 지

날수록 조용해지는 친구들을 봐왔으니 쉽게 이해된다.

에너지의 방향이 밖을 향하는가 안을 향하는가에 대한 성향은 어느 정도 파악이 가능하다. 그러나 대개는 에너지의 방향이 한 방향으로만 흐르지 않는다. 상황에 따라 에너지를 엇비슷하게 쓰는 사람들도 많다.

어떤 방향으로 에너지가 자연스럽게 흘러가는가를 관찰하는 것으로 자신의 성향을 이해한다면 충분하다.

정보를 수용하는 방법인 직관과 감각은 그리 간단치 않다. 오감을 사용하여 직접 느끼고 경험한 정보를 중시하는 사람이라고 하여 직관이 없거나 육감이 약한 것은 결코 아니다.

나무를 보느냐 숲을 보느냐로 구별하지만 때로는 육감이라며 넘겨짚거나 사실적인 정보를 무시하는 일도 흔하다. 현상 너머의 큰 그림을 본다며 현상을 무시한다는 것은 얼마나 맹랑한 인식인가. 현상만을 바라보는 것만큼 허술할 수 있다.

사고형과 감정형의 차이도 만만치 않다. 인간적 관계와 상황을 중시하고 정상을 참작한다며 범죄자를 옹호한다거나, 합리적 사실적 요소를 뒤로 제쳐버리는 일이 다반사로 일어난다면 감정형이 가진 많은 장점들이 퇴색되기 마련이다.

사고형이라고 하여 논리적 합리적 도출만 만능으로 삼는 것도 아니다. 최종 결정에 얼마큼 반영될지언정 상황적 정황적 요소도 고려한다. 사안에 따라 반영 정도가 다를 뿐이다.

판단형과 인식형은 생활양식에서 가장 두드러지게 차이를 드러낸다. 일단 행동에서 관찰 가능하다. 즉흥적인지 미리 생각하고 준비하는지 뚜렷하게 다르다.

융통성이 뛰어난지 아니면 미리 계획된 일에 갑자기 변화가 생기는 것을 꺼리는지 말과 행동에서 바로바로 드러난다. 생활에서 가장 많이 부딪힐 수 있는 서로의 '다름'이다. 상대방의 선호 경향을 알면 상당히 도움이 되는 패턴 양식이다.

요새 젊은 사람들과 소통하기 좋은 주제가 MBTI다. 아들들과도 MBTI유형을 묻고 같음과 다름을 이해한다. 부작용은 적고 이해의 폭은 넓혀주는 좋은 재료임에 분명하다. '아! 그래서 이야기가 잘 통했구나.' 혹은 '그래서 이야기가 통하지 않고 겉도는 느낌이 있었구나.' 하는 지점에 이른다.

MBTI는 다름을 알게 한다는 데에 유용하다. 굳이 설득하려고 애쓰지 않게 한다. '내가 너의 성향을 알겠으니 너도 나의 성향을 알아주면 고맙겠다.'가 이 검사의 지향점이랄까.

나는 2005년부터 MMPI 검사와 MBTI 검사 등 여러 가지 검사를 했다. 에니어그램에서도 1번과 5번이 동점으로 두드러져서 '까다롭고 복잡한 사람'이구나 했다. '나의 사용법'이 결코 간단치 않은 셈이다. 그러니 섣불리 하나의 유형으로 단정하지 말았으면 좋겠다.

나도 나를 이해하기 위해 이런저런 검사를 해봤지만, 아직 나를 다 모른다. 나를 알기 위해 현대인상학을 공부한 적이 있고, 참고용으로 명리학도 공부한다. 나도 나를 다 모르는데 누가 누구를 안다고 자신하는가.

다시 MBTI를 실시해보니 예전과 다르다. 그러나 그가 말한 유형은 결코 아니다. MBTI로 나를 안다고 자부하는 그는 자기 스스로에 대해서는 얼마나 알까.

우리나라는 심리나 상담에 공적 자격증이 하나도 없어도 심리상담센터를 차릴 수 있고 전문가 행세를 할 수 있다. 사람들에게 영향을 미치는 심리와 상담이 법적 제도적 맹점으로 남아있다.

독심술은 전문가 영역이 아니다. 하나의 검사로 사람을 꿰뚫어 볼 수도 없을 뿐만 아니라 사람을 안다는 것은 그리 간단치 않다.

명리학을 들추다

⋮

사람이 어떻게 살아야 하는가. 늘 중심에 둔 질문이다. 사람에 대한 공부는 꾸준히 해왔다. 돌아보니 철학과 심리학이 두 축이다. 쉰 살이 넘고 나니 딱히 힘든 일이 없더라도 퇴근하면 몸도 맘도 지친다.

책을 펼치는 일보다 핸드폰을 켜놓는 일이 잦다. 최근 몇 달간 핸드폰으로 명리학 강의를 자주 듣는다.

철학관을 찾은 적 있다. 이십 대 초에 한 번 갔고, 삼십 대에 두세 번 갔다. 그 시점을 돌아보는 것만으로도 변곡점이 보인다.

최초로 철학관에 간 것이 스물한 살이었다. 엄마의 기대에 부응하기 위한 삶이 녹록지 않아 힘에 부쳤다. 착한 딸과 좋은 언니와 예쁜 동생으로 살기 쉽지 않았다.

내가 제물로 사라져야 가능할 것 같은 삶, 죽음과 맞바꾸는 고통을 견뎌야 가능할 것 같은 삶, 양립불가다. 죽고 싶지만, 딱히 죽어야 할 이유는 없다.

살고 싶지만, 원하는 삶은 아니다. 죽을 수도 살 수도 없는 상태를 지속할 수 없다.

서울 고척시장 어귀에 있던 철학관 문을 빼꼼히 열고 나의 운명을 물었다. 최초의 질문은 언급하기도 조심스러운 여섯 음절이다. 스물을 갓 넘긴 삶을 통째로 아우를 그 단어. 자아와 정체성에 대한 고민과 고통이 컸다.

후에 돌아보니 우울증을 깊게 앓았던 직후였던 것 같다. 족히 삼사 년 이상 삶과 죽음과 운명과 신이 주제였다. 삶과 죽음의 기로에서 어떤 결정을 해야 할 시점이었던 거다.

아저씨와 나눈 그 순간의 대화들이 마치 며칠 전이었던 것처럼 생생하고 선명하다. 아저씨는 앳된 나의 질문에 거침없이 강력하게 답했다. 마치 방향을 안내하는 어른 같았다.

오천 원을 지불하고 들은 아저씨의 확신에 찬 말로 인해 그 단어는 선택지에서 제외했다. 교회에 가서 밤을 새도 명쾌하지 않고,『논어』,『맹자』,『채근담』,『내훈』,『명심보감』등을 읽어도 채워지지 않던 갈증.

나에게 주어진 운명이 부당하고 싫은데 누구도 명쾌하게 답을 주지 않았다. 신에게 듣고 싶었지만 아무리 물어도 듣지 못했다. 그나마 운명과 가까운 사람을 찾다가 철학관을 찾은 것이다. 사주팔자가 그러하다니 받아들이기로 했다.

아버지는 만세력을 봤다. 웬만한 기본 사주는 아버지께 들었다. 관官이 두 개 있으니 공부하면 벼슬할 수 있다는 둥, 남자 사주로는 아주 좋은데, 여자아이라 애달프다는 둥, 아들 태몽에 아들 태산이라 더욱 애달프다고 했다.

아버지는 첫 자식과 두 번째 자식을 연달아 잃었다. 그런 까닭에 자식들을 호적에 올리는 것이 한동안 늦어졌다. 절반이 넘는 자식이 주민등록 연월일이 다르다. 게다가 아버지가 자식들 사주를 적어둔 수첩이 사라진 지 오래다. 농촌에서 태어난지라 시간을 정확히 모른다. 미未시인지 신申시인지 정확하지 않다.

아버지는 딸 일곱 중 나를 콕 찍어 "공부시키라"는 유언을 했음에도 불구하고 엄마는 칠팔 년간 유언을 전하지 않았다. 공부라는 단어는 금기어처럼 일절 입에 올리지 않았다.

엄마는 오로지 일하는 것을 금과옥조로 여겼다. 일하고 돈 버는 것이 최상의 가치일 뿐. 아들이라면 혹 모를 일이다. 딸은 부지런히 농사일을 하고, 돈을 벌어 식구를 챙기고, 결혼자금을 모아 결혼하는 것이 마땅한 도리요 순리였다.

서른 넘어 철학관에 간 적이 있다. '힘들었을 텐데 얼굴이 너무 좋다'고 했다. 아무도 해주지 않던 말을 뜻밖의 장소에서 들었다. '힘들었을 텐데'라는 한마디 말에 버튼이 눌러진 듯 순식간에 눈물이 주르륵 넘쳐흘렀다.

같이 간 친구가 당황하며 손을 잡았다. 늘 웃고 늘 활발하고 늘 씩씩하게 일을 하니 내가 힘들다는 것을 알아주는 사람이 주변에 없었다. 의례 '저 사람은 저렇게 사는 게' 당연하다는 듯 무심했다.

사주^{四柱}는 연월일시 네 개의 기둥을 주^{柱}라 한다. 상단의 해당 연월일시에 간^{干}을 붙이고, 하단의 해당 연월일시에 지^{支}를 붙인다. 음양^{陰陽}과 오행^{五行}을 아는 것이 결코 쉽지 않다.

음양의 특성과 조화로움, 오행의 계절 변화와 순환, 조화와 움직임을 본다. 글자는 여덟 개인데 해석할 방법은 무궁무진하다. 더듬더듬 찾아보니 공부 관련한 단서들이 꽤 많다.

학당귀인, 문곡귀인, 문창귀인이 모두 있다. 월지^{月支}가 정관^{正官}이라 엄마의 영향력이 상당히 컸다는 것이 이해되었다. 사회적 규범을 크게 벗어날 수 없다는 것도 확인된다. 단 하나의 결핍, 재성財性이 없으니 아버지의 돌봄과 은혜가 깊지 않았다는 것도 수긍하였다.

년주年柱에 관성官性과 인성印性이 있으니 초년에 모범생이었다는 것도 보였다. 일지日支에 인성印性이 있어서 중년에 이르러 공부한 것도 맞아떨어진다.

말년末年은 아직 오지 않았고 시時가 정확하지 않으니 두 가지 버전 해석이 모두 가능하겠다. 시주時柱는 두 가지 버전 모두 괜찮다. 관官이든 정인正印이든….

사주는 어렵다. 기초는 어느 정도 이해하겠는데, 끝없이 다른 영역이 존재한다. 게다가 여덟 개의 글자가 다가 아니다. 대운大運과 세운歲運으로 인해 변화무쌍하다.

일생이 고정되어 있지 않으니 이해되지만 여덟 글자도 어려운데 글자가 더 는다. 깊이 공부하기에는 한계가 있는 것 같다.

명리학 강의를 듣다 보면 고루한 인식이 반영된 다양한 설명들이 등장한다. 농촌 봉건 사회가 바탕이 된 해석들이 즐비하다.

수백 년 전 저술이 바탕이라 불편하기 짝이 없는 해석들도 드물지 않다. 예禮도 시류時流를 따르는 법인데, 급변한 시대상이 반영되지 못한 해석이 난무한다.

특히 여성의 사주에 대한 해석이 매우 다르다. 관성官性을 어찌 남편이라고 단정하는가. 여성의 사회진출이 전무하던 시절의 관점 아닌가. 전업주부가 최선이라는 관점. 몹시 수동적이다. 사회 현상과 동떨어지니 상당히 불편하다.

명리학이라 했으니 학문이라는 말일 텐데, 논리학처럼 정해진 학문체계는 없는 것 같다. 그리하여 명리학자에 따라 해석이 상당히 다르다.

수없이 많은 강사가 수없이 다양한 콘텐츠로 이론을 펼친다. 엄청난 양의 내용을 알기 어렵거니와 수많은 강사의 강의를 들을 수도 없다. 논리체계가 맞는 강사 위주로 듣거나, 하나의 주제로 예닐곱 명의 강의를 중첩해 듣다 보면 수렴되는 부분이 있다. 나를 이해하기 위한 기초를 알고자 함이니 아주 깊이 파고들 의도는 없다.

명리학을 들여다보니 좋은 사주도 나쁜 사주도 없다는 말을 어느 정도 수긍한다. 결핍이 없다는 것은 좋은 환경임에 틀림없다. 모든 것이 갖춰진 사주는 도전할 필요도 응전할 필요도 없다. 도전도 응전도 필요 없는 삶에서 인품을 갖추기에 한계가 있다.

심신은 평안했을지 모르나 인격은 성장하기 어렵다. 나이가 많아도 정신연령이 스무 살을 넘지 못하는 사람들을 본다. 지적 한계가 아니라면 너무 좋은 사주여서일까.

명리학을 들여다보니 나를 더 잘 이해할 수 있다. 내 맘대로 되지 않던 숱한 일들을 받아들인다. 나의 한계가 보이듯 타인의 한계도 인정하게 된다. 점집을 자주 드나들던 어른이 내뱉은 '복이 없다'던 말이 틀렸다는 것도 확인한다. 다 갖춘 사주는 극히 드문 법이다.

그녀 주변 누구 사주가 그리 좋았던가. 얼마나 훌륭한 사주를 꿈꾸었기에 스물네다섯의 나를 그리 구박했는가. 그 말은 폭력이었다. 모함이었다. 희생양 찾기였다. 책임전가였다. 전혀 관련이 없는 일을 뒤집어씌우며 하던 말이다. 어처구니없지만 해명할 도리조차 없다.

말 한마디가 천둥처럼 삶을 뒤흔들었다. 명색이 친하다는 친구도 종종 복이 없다는 말을 무심하게 내뱉었다. 나의 불행을 한마디로 정의하던 친구의 거친 인품이 불편했다. 싫다는 신호를 전혀 읽지 못하던 그녀. 그녀들은 참 쉽게 타인의 삶을 '복이 없다'로 단정했다.

사람 노릇하고 산 그 삶이 내 삶이고 내 과업이고 내 행로다. 애써 살아온 한걸음 한걸음이 나다. 명리학은 나를 이해하고자 하는 또 하나의 방법이다. 부족을 아는 것과 변화와 조화를 인지하는 것. 진인사대천명盡人事待天命이 다다.

나를 알아가는 중

:

 서양 철학은 '너 자신을 알라'에서 시작한다. 화이트를 비롯한 철학자들이 고백하기를 서양 철학의 역사는 플라톤 철학의 주석에 불과하다고 한다. 플라톤은 대부분 저작에서 스승 소크라테스의 입을 빌려 말을 하므로 플라톤과 소크라테스의 말은 분리하기 쉽지 않다.

 특히 초기 저작들은 더욱 그러하다. 그러니 사실상 서양 철학은 소크라테스로부터 시작한다고 보아도 무방하다.

 '자신을 알라'는 것은 평생을 두고 되새겨야 할 문구임에 틀림없다. 지식이 폭발하고 세계가 유기적으로 역학관계에서 움직이고 다양한 가치가 공존하고 상충하니 어지럽다.

 그럴수록 내가 중심을 잡아야 엉겁결에 휩쓸려가는 우를 범하지 않고, 가고자 하는 방향을 잃지 않고 한걸음씩 나아갈 수 있다.

자신을 안다는 것은 결코 쉬운 일이 아니다. 무엇을 좋아하는지, 무엇을 싫어하는지, 어떤 것을 회피하는지, 무엇을 잘하는지, 무엇을 못 하는지, 가장 행복한 때는 어느 때인지, 가장 슬프게 하는 것은 무엇인지, 추구하는 가치는 무엇인지, 포기할 수 없는 중요한 가치는 무엇인지 바로 답을 하지 못할 때가 있다.

내가 '무엇을 좋아했더라?'를 떠올리면 목록을 몇 개 떠올리지 못하고 만다. 좋아하는 욕구를 충족하기보다 희망 사항으로 버킷리스트로 두는 것으로 만족했던가.

예쁜 옷과 아름다운 풍경과 부드러운 바람과 막 볶은 커피 향과 다정한 이야기와 손잡고 걷는 것과 바다를 바라보는 것을 좋아한다. 좋아하는 음악도 무지 많고 좋아하는 향도 많고 좋아하는 꽃과 나무도 많다.

그러고 보니 스물네 살부터의 시집살이로 못하고 산 것이 너무 많다. 이십 대를 제대로 보내지 못했구나 싶다. 어디 이십 대뿐이랴.

내가 '무엇을 회피했더라?'를 생각하면 더욱 아득하다. 두려워서 회피한 것들, 멀리 두려고 애써 외면했던 것들, 바로 등 뒤에 두고도 대면하지 못했던 갈등들, 누르고 눌러서 억압하고 억눌러놨던 감정들은 쉽사리 얼굴을 보여주지 않는다.

회피와 두려움과 슬픔이 한 덩어리가 되어 가슴속 깊이 물컹거린다. 햇볕에 꺼내 꼬들꼬들하게 말릴 감정이 한 덩어리다.

나를 '슬프게 하는 것은?' 많고 많다. 사회적 약자였기에 여성으로서 개인으로서 감수한 슬픔이 많다. 그중 가장 슬픈 것은 나를 더 사랑하지 않은 것이다.

엄마로, 한 개인으로 어떻게든 파멸하지 않으려고 안간힘을 쓰고 살았다. 여성으로서의 슬픔과 화와 억울함에 대한 에피소드가 헤아릴 수 없이 많다. 조심스럽게 하나씩 풀어가야 한다. 지금도 하나둘 슬픔을 마주하고 애도하고 분노하고 수용한다.

어떤 감정은 강렬하여 수류탄을 다루듯 조심스럽게 다루어야 한다. 어떤 것은 결국 깊이 묻어두고 말 것이다. 그게 더 낫다는 판단이 들면.

내가 '가장 행복한 때는?' 많고 많다. 그중 가장 행복한 때라면 아마도 사랑이 주제가 될 게다. 어쩌면 가장 아픈 대목일지 모른다. 사랑을 하기는 한 걸까를 수없이 되뇌었다.

가난이 문으로 들어오면 행복은 창문으로 나간다고는 하지만, 사랑이 그렇게 하찮은 것이던가. 부자로도 서민으로도 살 수 있는 사람이라고 했건만 그는 그 말의 의미를 진정 몰랐던 게다.

스물서너 살의 애틋한 사랑이 어디로 간 걸까.

내가 '가장 싫어하는 것은?' 성찰하지 않는 삶이다. 양심 없는 비도덕은 기본이며 비이성적이며 이기적이고 냉정한 사람이다. 책임감 없고 남 탓하는 사람 치고 좋은 사람이 없다.

뒤돌아보면 후회 없는 삶이 어디 있을까마는, 반성 없는 삶이 가당키나 할까마는, 성찰하지 않는 삶이 살 가치가 있을까마는 뒤돌아보면 사는 일은 후회투성이다.

쉰이 넘어가며 지난 삶을 돌아보면 무엇보다 안타깝고 아쉬운 것은 스스로 많이 돌보지 못했다는 것이다.

붙박이 장롱처럼 집에 매달려 살았다. 내 젊은 날을 내버려 두었다. 우두커니 혼자 견디게 놔두었다. 동생이 쓰다가 준 화장품을 외출할 때만 썼다. 평상시엔 스킨로션도 바르지 않았다. 산후조리도 못 하고 몸살에 시달렸다. 퉁퉁 부은 채 빠지지 않았다. 아이를 낳은 자연스러운 대가인 줄 알았다.

어리석게도 껍데기는 껍데기일 뿐이라는 관념까지 있었다. 바보도 이런 바보가 없다. 몇 번 다이어트도 소용없이 젊은 삼사십 대가 그리 지났다.

나를 가장 잘 아는 사람은 내 자신이다. 자기 자신에 대해서 가장 많이 아는 사람은 자기 자신이다. 내 몸과 내 맘과 내 생각들로 수십 년의 삶을 살다 보면 누구보다 자신을 잘 알 수밖에 없다. 자신의 욕구와 좌절을 안다.

어떨 때 편안하고 어떨 때 안락한지 안다. 자식도 친구도 배우자도 다 모른다. 특히 주도적으로 독립적으로 산 중년 이후는 더욱 그렇다.

자기 자신보다 자신에 대해 더 잘 아는 사람은 결코 없다.

충분히 진지했다. 오히려 나이에 비해 지나치게 진지하게 살았다. 유머와 위트와 농담과 웃음을 무엇하려고 아꼈을까. 어디에 귀하게 쓰려고 모셔두었을까.

아까워서 유머를 위트를 농담을 웃음을 아낀 깍쟁이다. 아무리 현실이 험악하고 실존이 위태로워도 그렇지, 그렇게 진지하게 매사에 임해야 했을까.

유머로 넘어가고 웃음으로 지나가고 말 것을…. 어떻게든 살아졌을 텐데…. 짐을 다 지지 못하면 내려놓는 일이 가능한 것을…. 감당할 만큼만 감당하며 살아도 되는 것을…. 책임과 의무만을 너무 무겁게 지지 않아도 된다는 것을 몰랐다. 끝내 버릴 수 없는 것만 챙기고 살아도 충분히 괜찮다는 것을 몰랐다.

소중한 건 많고 많다. 엄마는 항상 컸다. 자식들은 중력이다. 벗어날 수 없다. 내가 떨어지지 못한다. 삼십 년을 그리 살았더니 멀어지면 내가 부대낀다.

아직 이별을 준비하지 못했다. 독립하더라도 멀리는 가지 않았으면 좋겠다. 가까이 되도록 가까이 머물고 싶다. 누군가는 옆에 있어야 한다. 누군가는 눈에 보여야 살 것 같다.

파란 가을 하늘도 소중하다. 하늘거리는 코스모스도, 키 작은 바람꽃도, 찰랑거리는 파도도, 보드랍게 스쳐 가는 바람도, 뾰족하게 입을 내민 새싹도, 여름 내내 붉게 피던 백일홍도, 흔들리는 강아지풀도, 붉게 물드는 단풍도, 노랗게 춤추는 은행잎도, 저 멀리서도 향긋한 은목서도, 마음을 두드리는 빗방울 소리도, 똑 또르르 떨어지는 도토리도, 맑은 새들의 노래도, 출근길을 통쾌하게 웃게 해주는 디제이도, 주차를 하고도 마저 듣는 노래도, 출장길에 듣는 음악도, 고개를 끄덕이고 어깨를 들썩이는 리듬도, 좋아하는 가수의 목소리도 귀하다. 내게 귀한 것들을 사랑하고 아끼고 누리고 살면 그만이다.

단순히 살지 않았다. 어떻게 사는 것이 더 좋은 삶인가를 때때로 성찰하며 살았다. 반성도 하고 후회도 한다. 고집도 버리고 화해도 하며 기다릴 줄도 안다. 스스로 돌봄이 필요하다는 것도 깨닫는다.

　아직 여성이라는 정체성이 남아있다는 것은 새삼스럽다. 예쁘게 가꾸지 못한 지난날과 상실을 애도하는 나를 발견한다. 나이가 들고 환경이 달라짐에 따라 새로운 모습을 발견한다.

　오래전 욕구와 감정이 여전히 남아있다는 것도 자각한다. 여전히 나 자신을 알아가는 중이다. 현재 진행형이다.

PART 2

시간에 기댄 사랑

엄마가 된다는 것은

⋮

아끼는 여성이 엄마가 되었다. 웃는 모습이 선하고 얌전하며 밝은 여성이다. 사랑하는 사람과 결혼을 하고 예쁜 아기를 가지고 싶어 했지만, 쉽게 되지 않았다.

마음이 쓰였다. 간절히 원하는 마음을 알겠기에 내내 응원하는 마음이 컸다. 수년 동안 열 번이 넘는 시도 끝에 예쁜 아기가 세상에 나왔나 보다. 축하의 인사를 건넸다.

지금은 결혼이 선택이고 아기도 선택이지만, 삼십 년 전만 해도 으레 때가 되면 결혼을 하고 아기를 낳았다. 으레.

나도 새내기 엄마 시절이 있다. 그 시기가 아니었으면 결코 인연이 되지 않았을 그와 겁도 없이 가정을 꾸렸다. 스물네 살의 선택을 주변 누구도 찬성하지 않았다.

내 지인은 단 한 명도 그를 나의 반쪽으로 달가워하지 않았다. 어느 정도 가늠한다. 그가 건강한 신체를 가지지 않았고 직업도 없었으니 무엇 하나 내키지 않았을 테지.

　난생처음 엄마의 반대를 무릅쓰고 '착한 사람'이라며 고집을 부렸다. 엄마는 그를 마뜩잖아했다. 병이 날만큼 내키지 않아 했다. 그는 안타까울 만큼 어렵사리 간신히 엄마의 사위가 되었다. 처음으로 엄마의 말을 따르지 않은 불효는 가까이 살며 수시로 갚을 요량이었다.

　뜻대로 되는 것이 아닌지 삶은 요지경이고 시집살이는 너무 힘에 부쳤다. 시집살이만으로도 벅찬데 집에 풍파가 닥쳤다. 이태 전에 뿌렸던 씨앗이 거칠게 자라 집을 덮쳤다.

　어른이 거실에 앉혀놓고 '나중에 너에게 주마'던 집이며 논이 은행에 담보 잡혀 있었다. 1992년 당시 대출원금이 일억오천만 원이다. 거기에 사적인 채무는 별개여서 모든 게 상상초월이다.

　그런 와중에 일곱 식구의 소득은 한 푼도 없다. 그가 아르바이트를 해서 삼사십만 원을 줬다. 그 돈으로 하루 대여섯 번 상을 차리고 살림을 살았다. 부모님과 육 개월 어린 조카, 시누이 둘 수발은 별도다.

　제법 배가 불러온 어느 날, 방에서 수를 놓고 있는데 거실에서 어른이 큰어머니에게 "복이 없는 년이 들어와서 집이 망했다"고 했다. 방문을 열어두었기에 너무 또렷이 들리는 그 말. 나는 기겁했다.

'그래, 백번 양보하여 천재지변이면 원망할 데가 없으니 나를 탓한다 치자. 이 재앙은 엄연한 인재인데, 뜬금없이 왜 나를 탓하나. 담보 잡혀준 것이 이태 전 아닌가.'

화병이 날 것 같다. 하늘이 무너지는 것 같은 슬픔이 몰려왔다. 그가 착하다 치자. 착한 그가 나와 내 자식을 돌봐줄 수 있는가? 울타리가 되어줄 수 있는가. 온전한 가정으로 꾸려갈 수 있을까? 엄두가 나지 않는다.

그에게 낮에 들은 이야기를 했다. 그는 괴로운지 들으려고 하지 않는다. 나를 위로해주든지, 상황이라도 파악하든지…. 상처 입은 처를 돌볼 여유 따위는 애초에 없는 사람 같다.

그렇지. 여태 온실 속의 화초처럼 단 한 번도 고생을 해본 적 없으니 생전 처음 맞는 현실이 힘들겠지만…. 그래도….

뱃속의 아기가 자라 출산이 임박했다. 단 한 번도 배려받지 못한 280일이 지나갔다. 시집살이는 한 끼니도 자유롭지 않다.

딱 하루 저녁 남편과 외출했다가 8시경 돌아오니 저녁 식사를 하지 않고 계신다. 역시 예외는 없다. 5개월까지 입덧하느라 수시로 토했지만 그뿐이다.

일곱 식구의 모든 빨래는 손으로 했고 솜이불도 예외는

아니다. 출산예정일을 앞두고 오만 가지 생각이 들었다. 자신이 없다. 이 상황에서 아기를 키우며 살아낼 자신이 없다. 혼자 아기를 키우며 살 수도 없다. 낯선 곳으로 피신 가서 아기와 단둘이 살아낼 자신도 없다. 곧 세상에 나올 아기와 어떻게 살아가나. 나는 방정맞은 생각을 했다.

'그래, 아기를 낳다가 의료사고로 둘 다 같이 죽는 거야. 그게 가장 깨끗할 것 같아. 내가 삶을 실패하지 않고, 일가 친척과 친구들 입에 오르내리지 않고 삶을 끝낼 수 있으면 좋겠어.' 생각이 거기에 머무르자 정말 그랬으면 좋겠다 싶었다.

아기는 예정일이 지나도 나올 기미가 없다. 하는 수 없이 보름을 넘기고 병원에 갔다. 태아 맥박은 160이 정상이나 아기는 120에 머무르다가 100 이하로 두 번 떨어졌다.

단추를 누르며 '엄마가 방정맞은 생각을 해서 그래? 미안해, 엄마가 잘못했어. 너랑 나랑 같이 살자. 이제 엄마한테 와줄래? 엄마가 미안해. 엄마랑 살자. 둘이 살자.' 수없이 되뇌며 아프다는 말 한마디 못 했다. 아기를 낳고 시골 친정에 갈 수 있었다. 산모가 가사도우미 역할을 못 할 테니 친정에 가서 몸이나 추리고 오라는 거였을 테지만.

백일까지 친정에서 아기와 친정엄마와 지냈다. 엄마가 들에 일을 가시면, 오로지 세상에 아기와 나만 있는 것 같왔다. 적막하고 외진 산골에서 아기 엄마가 된 나와 나만 바라보는 아기. 둘이 서로 바라보며 살았다.

혼자는 외로울까 봐 동생을 낳고, 어쩌다가 셋째까지 낳아 아들 셋을 둔 엄마가 되었다. 엄마가 된다는 것은 나를 버리는 것이고, 엄마가 된다는 것은 아기와 몸을 바꾸는 것이고, 엄마가 된다는 것은 한 생명을 온전히 바라본다는 것이고, 엄마가 된다는 것은 비록 부족하지만 죽을 만큼 애를 쓴다는 것이고, 엄마가 된다는 것은 누구보다 자식을 먼저 생각한다는 것이다. 그리고 엄마가 된다는 것은 한없는 미안함이고, 끝없는 사랑이고, 온 세상이 자식으로 가득 차는 것을 느끼는 것이다.

자식은 태어나서 몇 년 동안 효도를 다 한다고 하더니 정말 그런 것 같다. 사랑으로 충만한 시절들이 있었다. 흠뻑 반해서 산 시절이 있다. 그래서 살 수 있었다.

이제 모두 이십 대가 된 아들들, 곧 서른이 되는 큰아들부터 군대에 간 막내까지 아들들을 생각한다.

"엄마도 세상을 다 모르고 엄마가 되어 부족함이 많았지. 지금껏 엄마로 살아오며 부족했던 점, 상처 주었던 점, 그리고 모자랐던 부분은 정말 미안해."

"엄마는 최선을 다한 거야."

작은아들이 그때마다 이렇게 말해준다. 고맙다.

살가운 막내아들이 군대에 가고 나니, 큰아들이 작은방에 머문다. 표현이 적은 아들이지만 가끔 농담도 하고 이런저런 얘기도 하고 맛있는 것도 시켜 먹는다.

큰아들이 스무 살까지도 일 년에 두세 마리도 혹은 서너 마리도 먹기 힘들던 치킨을 지금은 마음만 먹으면 일주일에 한두 마리는 거뜬히 먹는다. 우리는 엥겔지수처럼 치킨지수를 말하며 나아진 삶을 자축한다.

그러다가 예전의 잘못에 대해 미안하다고 사과하고, 수시로 고맙다고 한다. 아들들이 이제는 사과하지 말라고 한다. 사과는 하는 사람이 충분하다는 지점을 정하는 것이 아니라, 받는 사람이 그만해도 되는 지점을 알려주는 것 같다. 이제는 고마움과 사랑만 표현하고 살아도 될 것 같다.

엄마가 된다는 것은 엄마가 되기 전과는 전혀 다른 세계에 들어서는 것이다. 가장 행복하면서도 가장 어려운 직책이 엄마라는 자리다. 새털처럼 가볍다가도 천근만근 무거워지는 것이 엄마다.

엄마로 산다는 것은 엄청난 일이다. 기쁨도 슬픔도 그보다 강렬할 수 없다. 엄마는 그 강렬한 무게를 안고 산다. 힘이 들 때가 많더라도 지나고 보면 좋을 때가 훨씬 많다.

그러니 충분히 사랑만 해도 좋을 것 같다. 자식은 어떤 사랑보다 강하니까.

스님의 주례사에 대하여

⋮

 예전에는 가장 예쁠 때인 스물서너 살에 전염병처럼 사랑에 빠지곤 했다. 결혼 시기가 대체로 빨랐기 때문에 어른이 될 준비 없이 결혼하는 경우도 드물지 않았다.
 정신적으로 경제적으로 독립하지 못했거나, 인격이 미성숙하거나, 자기 자신이 어떤 사람이라는 정체성을 형성하지 못한 채 결혼을 감행하는 무모한 젊음이 도처에 있다. 그렇게 한 결혼은 배우자로서도 부모로서도 허점투성이일 수밖에 없다.
 어떤 스님이 '인간관계 중에서 이기심이 가장 많이 투영되어 맺어진 관계가 바로 부부관계'라고 했다. 상대방에게 덕을 보려고 했기 때문에 불행한 것이니 덕을 보려고 하지 말고 손해를 보라고 한다.
 상대방에게 덕을 보려 했다는 말이 전혀 근거 없는 말은 아니다. 신데렐라 콤플렉스나 온달 콤플렉스가 사회 현상으로 조명되니 말이다. 남성이 일시에 자신의 인생을 화려하게 변모시켜줄 여자를 바라는 욕망도 어딘가에 있고, 여성이 능력 있는 남성으로 인해 품격이 오른 삶을 꾀하려는 심리도 꽤 흔하다.

예기치 못했던 일들을 겪으며 울퉁불퉁한 굴곡을 스무해 넘어 지내 온 날들이 이기심의 투영이었을까?

스님의 성찰은 일부 맞는 말이지만 일부는 동의할 수 없다. 나는 상대방의 덕을 보려고 결혼한 것은 아니다. 결혼이라는 문으로 일생동안 안락을 누릴 행운이 끝없이 이어지리라는 환상은 동화 속에서나 누릴 호사다.

백마 탄 왕자님을 기다린 것도 만난 것도 아니다. 왕자는 현실세계에 없고 신데렐라가 동화 속 이야기라는 것을 안다. 무엇보다도 매우 아름다운 아가씨 이야기다. 우선 아름다워야 한다. 아주 많이 아름다워야 한다.

그렇다고 일부러 여성의 고귀함을 시험하고자 하지도 않는다. 타인의 구원을 기다리지 않는 것처럼 타인을 구원하겠다고 자신의 삶을 나락으로 이끌지 모르는 남성을 선택하지는 않는다.

고통이 뻔히 보이는 결혼을 선택하지는 않는다. 미처 알지 못하고 가시밭길을 갈 수는 있으나, 가시밭길인 줄 알면 누가 가는가. 자발적 가난을 선택하기도 하지만 자녀를 키우려는 여성은 극심한 가난과 불안에 자녀와 함께 빠지고 싶지 않다. 아이를 키우지 않는다면 모를까. 혼자 몸이라면 또 모를까. 행복은 모두의 희망사항이다.

행복에 대한 희망으로 결혼을 하고 자녀를 출산하고 삶을 살아간다. 이로움이라는 잣대로 결혼과 가정을 설명할 수는 없다. 이로움과 이기심으로 수십 년을 견뎌올 가정이 얼마나 있겠는가.

아이를 키우는 것 말고 모성에게 이로움은 또 무어란 말인가. 자녀를 더 좋은 환경에서 키우지 못한 것이 안타까울 뿐, 본인이 부귀영화를 누리지 못해서 애가 타는 여성이 어디 그리 많을까.

철이 없는 것은 아니었으므로, 순진무구하게 어리석지는 않았으므로, 결혼으로 만들어질 두 번째 가족은 내가 선택하는 것이므로, 외로움을 너무 잘 앎으로, 스물몇 해가 만만하지 않았으므로, 남은 생이 너무 힘겹지 않길 바랐으므로, 자식을 낳아 키워야 하는 결혼이 쉬운 결정은 아니었다.

사랑은 사람의 마음에 매달린 풍경 같다. 풍경은 지나가는 작은 바람에도 흔들린다. 바람 한 점 없이 고요하다가 작은 떨림에도 존재를 알린다.

다툼이 없었기에 결혼하고도 싸울 일이 없을 줄 알았다. 그러함에도 '열흘 가는 꽃이 없고 석 달 열흘 가는 사랑이 없다'는 말을 무언가. 진리처럼 떠도는 말이 어디까지 참인지 알 수 없다. 혼란스러운 사랑의 유효기간. 사랑이 영원하길 바라건만 '사랑은 영원하지 않다'는 명제는 어쩌나. 백일 가는 백일홍이 있고 천일홍이 있으니 오래 머무는 사랑도 있을 텐가.

나는 그리 염치 좋고 뻔뻔한 사람이 아니다. 누구 덕을 보려고 한 적이 없다. 오히려 희생하고 손해 보는 게 더 마음 편한 사람이다. 날 위해 누구를 희생양 삼은 적 없다. 내 허물은 아닐지라도 핸디캡이 있었기 때문에 장애가 있는 그를 선택했었다.

서로의 핸디캡이 있으니, 상처를 건드리지 말고 존중하며 살기를 바랐다. 큰 사고를 칠 손윗사람이 있는 줄은 까마득히 몰랐다.

내가 결혼으로 덕을 보고자 했다면 사랑으로 함께 하기를, 머리를 잠시 기댈 어깨가 곁에 있기를, 아이를 키우기에 그리 쪼들리지 않기를, 좀 더 가치 있는 삶을 향유하기를, 친밀한 사람이 내 편이 되어주기를 바랐을 터이다.

불과 서너 달이 지나기 전에 손윗사람이 친 사고로 살림이 풍비박산이 났다. 빛 좋은 개살구가 무엇인지 눈앞에서 생생하게 지켜보았다.

 사는 게 고해였다. 거친 풍랑이 휘몰아치는 광활한 바다, 끝없이 메마른 사막을 걷는 것 같은 막막함, 견디어내는 것 말고 다른 도리가 없는 삶. 무엇 하나 평범한 게 없다. 모든 것을 참는 것만이 사는 길이다.

 그런 나날들이 십 년 이십 년 이어졌다.

 어떤 관계에서도 마찬가지지만, 어느 한쪽이 일방적으로 희생하는 것은 건강하지 않다. 오래 행복할 수 없다. 참는 것이 미덕이지만 결혼은 일방적인 희생만으로 유지하기 어렵다.

 화병을 안은 채 스무 해 이상을 참으면 참을 만큼 참고 견딜 만큼 견딘 것이다.

 철이 들고 성숙하여 결혼하는 것은 배우자에게도 자신에게도 미래의 아이에게도 무척 중요하다. 성숙하지 못한 폐해는 가장 가까운 사람을 가장 아프게 한다.

 상처는 친밀감을 먹고 자라니까. 가장 가까운 사람에게 가장 많은 상처를, 가장 큰 상처를 입히는 것이 진리니까.

 어쩔 수 없이 인격이 미완성인 채 결혼한다. 살아보니 불혹을 넘고 지천명이 되어도 인격은 완성되지 않는다. 나날이 성숙해져 가는 사람은 그래도 인간적인 사람이다. 수신修身은 끝이 없고, 산다는 것은 결국 완성을 향해 가는 과정이니 말이다.

  그런 인간적인 모습을 기대할 수 있을까? 훗날 언젠가 세 아들들과 흙길을 천천히 버석거리며 걷고 싶다. 그도 동행할 것인가.

꽃과 사람

⋮

 사랑받기 원하고 빛나고자 하는 것은 살아있는 뭇 생명의 바람이다. 세상에 있는 동물과 나무들과 풀잎들이 저마다 빛깔을 가지지만 꽃만큼 널리 사랑받는 존재도 드물다.
 사랑의 인사에도 미안함의 손짓에도 감사의 마음에도 존경의 몸짓에도 축하의 발랄함에도 꽃은 기꺼이 전령사가 된다.
 꽃은 훌륭한 상징이다. 어버이날의 카네이션 한 송이와 스승의 날 색종이 꽃도 사랑과 존경을 담는 매개가 된다. 이성으로부터 처음 받은 꽃다발은 설렘을 더하고, 웨딩드레스를 입은 신부의 손에 들린 우아한 꽃다발은 기쁨과 사랑스러움을 더하는 훌륭한 상징이다.
 그리운 사람을 추억하며 한 송이 국화꽃을 드릴 때는 슬픔을 전달하는 상징이 된다. 아름다운 수로부인에게 꽃을 꺾어 바치려던 촌로에게 있어서 꽃은 단지 고운 꽃만을 의미하지 않는다.

벅찬 기쁨과 존경과 감사와 커다란 슬픔을 담은 꽃은 사람 사이에 사랑을 전하는 중재자가 된다.

누구나 한 번은 꽃이 된다. 어떤 생명이나 태어난 순간에는 꽃보다 예쁘고 금보다 귀하다. 예쁘지 않고 귀하지 않은 새 생명은 없다. 강아지와 송아지와 어린 고양이와 심지어 새끼 호랑이도 예쁘다. 신생아를 바라보는 부모의 눈에는 사랑이 가득 차 있기 마련이다. 엘리베이터에서 만나는 갓난아이는 신비스럽고 사랑스럽다.

모르는 사람의 아이도 처음 본 아이도 지나치고 다시 보지 못할 아이도 사랑스럽기는 매한가지이다. 갓난아이 때는 누구나 꽃보다 예쁜 시기를 보낸다. 그 후로 항상 꽃보다 예쁘게만 살아가는 삶은 얼마나 있을까.

꽃도 신비한 색채와 향기로 피어나지만 시들고 툭 떨어지고 살포시 날리고 흩어지고 문드러지고 사라졌다가 다시 피어나는걸. 늘 꽃이 만개한 상태로 유지되지 않듯 늘 활짝 피어있는 삶은 없다.

진짜처럼 만들어 낸 조화가 아니라면 말이다. 솜씨 좋은 장인이 만든 조화처럼 사람에게서 느껴지는 인공미는 낯설다. 자연스러움은 아름다움의 필수 요인이다. 꽃은 시들어야 열매를 맺는다. 시들지 않는 꽃은 열매를 거부하는 셈이다.

그리하여 비록 시들지라도 한때는 꽃보다 고왔으니 충분히 아름다운 존재다. 열매를 맺었으니 훌륭한 삶이다.

꽃은 어디서나 핀다. 눈에 띄지 않는다고 해서 꽃이 피지 않는 것은 아니다. 어떤 꽃은 사람이 드나들지 않는 깊고 외진 곳에서 누가 보는지도 모르게 피고 빛나고 진다. 꽃은 사람에게 예쁨과 사랑을 받으려고 피는 것이 아니다.

새가 날아와서 머무르다 가는 것이나 벌이나 나비가 찾아와 인사를 하는 것이 꽃은 더욱 즐거운 일인지 모른다. 바람 한 줄기 살랑 불어주는 것이 더욱 감미로운 기쁨을 주는지도 모른다.

꽃은 피었다가 빛나고 살랑거리고 꽃잎이 가진 찬란한 색깔을 맘껏 뽐내다가 어느 날 지면 그뿐이다. 열매를 맺든 열매를 맺지 않든, 사람에게 유익한 열매든 새에게 유익한 열매든 꽃은 그 나름의 의미가 있으면 그만이다.

사람도 어디서나 살아간다. 누가 알든 모르든 그가 지닌 색채를 가장 밝게 빛내며 그가 지닌 향기를 발산하며 살아간다. 대도시의 군중 속에서, 벽지 촌락과 섬과 바닷가에서, 산과 들과 강과 바다와 밀림과 사막의 모든 곳에서, 그들이 지닌 문화와 역사 속에서 그들의 색깔과 향기로 산다.

어쩌다 홀로 고즈넉하게 걷게 되더라도 담담히 걸어가면 된다. 그의 삶이 어떤 색깔과 향기를 지녔든 존중하면 될 뿐이다. 다른 사람의 경험과 생각을 어찌 다 알 수 있으며 무슨 잣대로 그 삶의 의미를 판단할 수 있단 말인가.

사람도 어디에서든 꽃처럼 피고 빛나고 진다.

어느 집 정원의 가장 좋은 자리에 피는 꽃은 몇몇 사람의 사랑과 관심으로 피고, 아파트 베란다에서 어여쁘게 피어나는 꽃은 공중부양의 허전함을 잊게 해주는 위안이 된다.

길가에서 우아하고 혹은 귀엽고 때론 고고하게 피어있는 꽃은 무수한 행인의 작은 기쁨이 된다.

담벼락 아래 촘촘히 피어나는 풀꽃은 어린 시절 친구처럼 반갑다. 키 작은 풀꽃을 보려 쪼그려 앉으면 평화가 낮게 내려와 고요해진다.

사람이 처한 상황과 환경은 모두 다르기 마련이다. 같은 종류의 꽃이라도 어떤 환경에서 피는지에 따라 다르다. 개화 시기나 꽃잎의 진하기나 싱그러움, 풍경과의 어울림 따위가 달라지는 것과 마찬가지이다.

어떤 사람은 많은 사람들에게 사랑받고 어떤 사람은 주변의 몇몇에게 위안이 되는 따뜻한 사람이 된다. 단 한 사람이라도 웃을 수 있고 기쁘게 할 수 있으면 그도 꽃이다.

사람은 꽃보다 아름답다. 신비함을 담은 갓난아이의 눈은 푸른 하늘처럼 맑다. 시간 가는 줄 모르고 놀이에 몰입하여 뛰어노는 어린아이들의 동그란 뺨에 부풀은 웃음은 꽃 마냥 귀엽다. 재잘거리는 장난기 많은 아이들의 머리칼이 유쾌하게 날린다.

젊은 날의 목마름을 기억하며 삶의 한가운데를 횡단하는 사람은 아름답다. 나이 지긋한 어른의 섬세한 안목과 배려와 위트는 향기롭다. 자연스럽게 웃고 상냥하게 진리와 세상에 대해 열린 사람은 누구나 아름답다.

평생 한 번 피고 마는 꽃은 슬프다. 해마다 피어나는 꽃처럼 늘 기쁨을 선사하는 사람들이 많았으면 좋겠다. 한번은 꽃이었지만 때가 되면 다시 피는 꽃처럼 몇 번이고 꽃처럼 피고 빛나는 사람이면 좋겠다.

맑은 웃음을 가진 사람은 꽃이다. 사람은 꽃을 닮았다.

일주일의 고립

:

 토요일 아침은 평온하다. 대체로 토요일 오전은 느긋하다. 평일에는 출근 준비로 아침이 부산하지만, 토요일은 그저 모든 게 여유롭다.
 아들도 토요일 오전은 방에서 얼른 나오지 않는다. 그러려니 한다. 휴일 아침이면 느긋하게 커피를 마시고 책을 읽고 음악을 들으며 평화를 만끽한다.
 그러나 오늘은 아침 아홉 시부터 원격 연수를 들어야 한다. 커피를 마시고 노트북과 핸드폰으로 연수에 참여한다.
 애착과 치유에 대한 연수이기 때문에 결코 가볍지 않은 마음 상태다. 오후 다섯 시 반까지 여덟 시간을 참여해야 하는 일정이다.
 12시 즈음되었을까? 아들이 급하게 어디를 나가더니 오는 길에 SNS로 연락을 했다. 아들은 내가 연수 중이라는 걸 안다.

"엄마, 혹시 자가진단키트 있어?"

"한 개 있어"

"혹시 모르니까 테스트해 봐"

"왜? 너 이상해?"

"우리 사무실 과장님이 양성 떠서 지금 보건소에서 PCR 검사하고 가는데."

"너는?"

"난 몸은 안 아픈데 혹시나 해서"

아들이 자가진단키트를 더 구입했다. 아들은 방에 들어가 자가진단을 했다. 마침 오전 연수가 끝나서 점심시간이다.

"엄마, 나 양성이야"

나도 부리나케 검사했다.

"엄마는 음성 나오는데…."

나는 베란다 창을 열고 소독제 스프레이를 사러 나갔다. 집으로 채 돌아오기도 전에 아들에게서 톡이 왔다.

"엄마, 일단 나는 ○○로 잠시 나갈 거야."

아들은 엄마가 음성이니 당장이라도 분리하여 엄마라도 코로나에 걸리지 않기를 바랐다. 엄마에게 피해가 갈까 봐 급히 간단한 짐을 챙겨 집을 나섰다.

머잖아 육십여 명의 연수가 일주일간 대면으로 있을 예정이라 말리지도 못한다. 급한 대로 환기를 하고 소독제 스프레이를 집 곳곳에 뿌리며 '이게 무슨 난리인가' 싶다.

오후 연수가 곧 시작되니 상념에 빠질 새도 없다. 나는 오후 연수에 참여하고 아들은 근 1년 동안 비어있는 시골집으로 갔다. 휴일 오전의 평화가 문자 한 통으로 인해 아들이 피신하는 지경에 이르렀다.

아들은 빈집에 가서 아궁이에 장작부터 피웠다고 한다. 아직 정월대보름 전, 오래 비어둔 방은 아무리 불을 지펴도 금방 온기를 찾지 못한다. 걱정이 태산이다. 엄마에게 피해를 주지 않으려는 마음을 알기에 나도 저도 마음이 짠하다. 연수가 끝난 저녁에는 아들의 방을 청소했다. 이불도 꺼내 베란다로 내놓았다. 그러다 '아차!' 싶다. 마스크를 쓰지 않고 청소하다니….

아무 살림살이도 없는 빈집에서 하룻밤을 보낸 아들은 이튿날 마당이 있는 2층 집으로 옮겼다. 아들은 보건소에서 양성 확인 문자를 받았고, 나는 난생처음 보건소에서 PCR 검사를 받았다. 밤부터 갑자기 잔기침이 나고 전에 없던 가래가 생기니 '혹시 나도 감염인가' 하는 느낌이 들었다.

월요일, 수동 감시자라고 문자가 와서 음성인가 보다 했다. 자가진단키트로 검사해보니 음성이다. 문자 통지가 늦어 직장에는 병가로 처리하고 집에 머물렀다.

아들 방 청소를 본격적으로 했다. 침대를 당겨 구석구석 청소했다. 문자가 왔다. PCR 검사 결과 미결정 판정이니 재검사를 받으라는 안내다.

느낌이 싸하다. 뭔가 있다는 의미이지 않은가. 곧 전화가 와서 검사 결과가 의미하는 것에 대해 설명하고 재검사를 요청했다. 별수 있는가.

국가의 방역지침에 따라야지. 2년이 넘도록 동선 하나 겹치는 것이 없었는데 이틀 연속 보건소에서 검사를 받는다. 사람 일이 어디 계획대로 되는 것이더냐 싶다. 직장에도 업무에도 피해를 줄까 봐 전전긍긍해도 소용없는 지경에 이르렀다. 검사를 하고 조용히 집에 들어앉았다.

엊그제까지 아무렇지 않던 몸에 경미하지만 분명한 변화가 있다. '이게 그건가 보다.' 가래가 자꾸 생겨 뱉어내야 했다. 목이 건조해지고 뭔가 막을 형성한 것처럼 이물감이 느껴졌다. 목을 어떤 막이 감싸고 있어서 물을 아무리 마셔도 물이 닿지 않는 느낌이 들었다. 상비약 중 거담제 성분이 든 약을 챙겨 먹었다.

화요일, 10시가 되기 전에 양성 확진 문자가 왔다. 곧 보건소에서 전화가 와서 꼼꼼하게 증상을 묻고 동선을 체크

하고 평소 복용하고 있는 약을 묻고 답해준다. 이제 꼼짝없이 격리다.

객지에 있는 아들도 군대에 있는 아들도 큰아들도 전화로 SNS로 안부를 묻는다. 딱히 아프지는 않다. 다만 목에 가래가 거추장스럽게 달라붙는다.

수요일, 먹던 상비약이 떨어졌다. 아무래도 가래 증상에 해당하는 약을 복용해야 할 것 같아서 보건소에 전화를 걸었다. 세 번째 시도에 전화가 연결되어 상황을 얘기하니 비대면 진료를 받을 수 있게 조치해주었다. 머잖아 수십 년 다니고 있는 병원 원장님이 전화했다.

"다 걸리네요….."라며 편안하게 대해준다. 이만저만하다는 이야기를 듣고 큰아들 안부도 묻는다. 기관지에 도움이 되는 약을 처방해주었다. 난생처음 퀵서비스를 이용했다. 코로나로 인해 처음 해보는 일이 벌써 여럿이다. 현관 손잡이에 걸린 약을 받고 나니 고립되어 있지만 안심이 된다.

목요일, 삼시세끼 잘 챙겨 먹고 약도 잘 챙겨 먹는다. 원래 아침을 거의 먹지 않는데 약을 먹어야 하니 꼬박꼬박 먹는다. 라디오를 잔잔하게 틀어놓고 책을 읽는다. 집중이 잘 안 된다. 그래도 어떻게든 책을 읽으려고 한다.

금요일, 현관문 안에 갇힌 느낌이 더 자주 든다. 핸드폰과 TV와 라디오가 있지만, 아파트에 고립된 지 일주일째에 접어든다. 아무리 집에 머무는 것을 좋아해서 '집순이'라고 자칭하지만 고립되어 현관조차 열지 못하는 일주일은 느낌이 다르다. 누구에게 먼저 연락하는 스타일도 아니니 고요하다. 고립감이 든다. 늦은 밤, 격리에서 해제된 아들이 돌아왔다. 반갑기 그지없다. 아들이 오니 비로소 현관문이 열린다. 숨통이 트인다.

토요일, 아들이 그동안 쌓인 쓰레기를 배출한다. 음식물 쓰레기조차 냉장고에 넣어두었는데, 아들이 들고나가니 기분이 가뿐하다. 아들이 음식을 시켜주고 심부름도 해 준다. 바깥으로 통하는 통로가 놓였다. 고립에서 벗어난다.

일요일, 이제 격리는 하루가 채 남지 않았다. 아들이 있으니 고립이 아니다. 다만 산책을 하고 싶고, 마트에도 가고 싶다.

월요일, 지난밤에 격리는 해제되었다. 일주일의 연수 준비가 미흡하기에 일곱 시에 출근한다. 평소보다 한 시간 이른 출근이지만 연수를 할 수 있어서 다행스럽다. 이만해서 다행이지만 낯선 고립은 다시는 없었으면 좋겠다.

자유롭게 드나드는 게 새삼 귀하다.

마스크

⋮

　눈만 내놓고 다닌 지 2년이 훌쩍 넘었다. 학생들을 만나야 하니, 마스크를 대충 쓰지도 못하고 2년 이상을 견뎠다. 세 번의 봄이 가고 세 번째 여름이 오니 숨쉬기조차 불편하다. 그렇잖아도 숨이 가쁜 사람인지라 여름이면 숨이 턱턱 막힌다. 이제는 그만 마스크로부터 자유로워지고 싶다.
　낯설게 등장한 바이러스가 사그라질 기미가 보이지 않으니 마스크를 벗을 기약이 없다. 바이러스는 진화에 진화를 거듭하고 사람은 적응에 적응을 거듭하여 둘 다 살아남았다.
　야외에서 마스크 착용이 자유로워졌다. 반드시 써야 하는 상황에서는 부득불 마스크를 쓴다. 금하는 선은 넘지 않는다. 바깥이라고 느끼는 지점부터는 마스크를 내린다.
　비로소 숨을 쉴 것 같다. 자유다. 숨을 편히 쉴 수 있는 자유. 구속에서 벗어나듯 자유롭다. 속박에서 벗어나듯 후련하다.

사람은 마스크를 쓰기 전에도 가면을 쓰고 살았다. 직장인이기 때문에 쓰는 가면, 교양인으로 보이기 위한 가면, 선량한 사람이라는 가면, 영웅 같은 멋진 가면, 좋은 이미지 혹은 눈길을 끌 이미지를 위해 가면을 쓴다.

대개 사람들은 그날그날 그때그때 가면을 바꿔 쓰고 사람들과 어울린다. 때와 장소에 적절하게 처신하기 위해 가면이 필요하다. 질서와 전통을 존중하고 문화를 따르려면 어쩔 도리가 없다. 감정에 함몰되지 않으려면 가면을 써야 한다. 좋고 싫음을 어찌 다 드러내고 살 수 있나.

복잡한 사회에서 사회적 얼굴인 페르소나 없이 살 재주가 있나. 페르소나는 비단 배우에게 필요한 것만이 아니라 모든 사회 구성원에게 필요한 장치다. 가면은 사회적이다. 서로를 대하는 방식이 페르소나다. 내가 가면을 썼듯 상대방도 가면을 썼다는 것을 안다. 문화의 상식이다.

점잖은 곳일수록 페르소나가 더 많이 작동한다. 그러면서도 상대방의 진심에 관심이 많고 진실을 기대한다. 완전한 페르소나도 없고 완전한 맨얼굴도 없다.

페르소나가 1할이나 2할이면 그나마 좋으련만, 그 역치값도 존재할 테니 그러려니 한다. 사람 속을 안다는 게 어디 그리 쉬운 일이던가.

집에서는 가면을 벗고 자신의 맨얼굴과 온전히 만난다. 아무리 훌륭한 가면도 무게가 있다. 그래서 불편하다. 필요에 의해 가면을 썼으나 집에서만큼은 가벼워야 하니 가면을 벗는다. 온전한 맨얼굴은 가족이 본다.

맨얼굴이 편안한 사람이 진짜 편안한 사람이다. 가족이 편해야 나도 편하다. 그래서 누구보다 좋은 관계여야 하는 사람은 가족이다. 가장 많은 표정을 본 사람들이 가족이다.

무엇 때문에 속상한지, 서운한지, 화내는지, 즐거운지, 신나는지 아는 사람이 가족이다. 눈만 봐도 알고 목소리만 들어도 알고 뒤태만 봐도 안다. 어깨 높이만 봐도 알고 몸짓만 봐도 안다. 숨소리만 들어도 안다.

가족이라고 하여 이미 다 안다고 생각하는 것은 착각이다. 사람은 단 한순간도 석고처럼 굳어 있지 않다. 사람은 꾸준히 발전하고 성장하고 변화한다. 오랜 시간을 함께했다고 다 아는 것은 아니다. 이미 다 안다는 오만과 알 필요조차 없다는 무시는 폭력과 닮았다. 무시는 정서적 학대다. 대화와 존중은 언제든 필요한 법이다.

가족 구성원이 건강하지 못하면 집에서조차 가면을 써야 하는 사람들이 생긴다. 착한 딸이거나 자랑스러운 자식으로 지내야 한다.

혹은 형제자매의 변덕과 뒤틀린 욕망을 견뎌야 하는 사람도 있다. 가장 많이 알 것 같은 가족이 가장 왜곡된 시각을 가지고 있는 경우도 있다. 뒤틀린 왜곡과 피해의식과 열등감과 우월감이 뒤죽박죽인 사람이 가족 안에 있으면 화목은 아득히 멀어진다. 가장 가까운 가족에게 가장 치명적인 상처를 입은 사람들이 드물지 않다.

욕망과 좌절과 결핍이 사실관계조차 왜곡시키면 그 강렬함은 깰 수 없는 철옹성 같다. 거리두기 외에 방법이 있을까? 선택할 수 없었던 가족에 얽매여 남은 삶까지 망가질 수는 없잖은가.

나와 많이 닮았지만 엄연히 다른 존재인 가족. 원가족이라면 거기까지여도 괜찮다.

많은 노래와 시와 이야기와 그림과 춤의 원천이 유년기 가족과 연결되어 있다. 기쁨과 환희, 걱정과 염려, 서운함과 서러움, 두려움과 위축, 충만감과 만족감, 결핍과 허기, 즐거움과 신남은 평생 영향을 주는 감정이고 경험이다.

건강한 정신이 행복한 삶과 직결되어 있듯 건강하지 않은 정신은 자신은 물론 주변 타인에게 부정적인 영향을 끼친다.

가면은 자신을 꾸미거나 숨기는 데 사용한다. 사회적으

로 용인되는 수준을 넘어선 페르소나는 부작용을 수반한다. 대개 사기꾼은 자신부터 속인다. 그다음 동심원을 넓혀 나간다.

거짓을 반복하다가 진실로 믿어마지 않는 리플리 증후군에 걸리는 사람, 자기애가 병적인 나르시시스트도 가면에 철저히 익숙해진 결과다.

얼굴을 가린 마스크는 금방 벗을 수 있지만 마음을 가린 가면은 쉽게 벗을 수 없다. 자신을 온전히 마주할 수 없는 사람은 가면을 벗지 않는다.

자기기만과 자기 이상화를 벗어낼 수가 없다. 누구보다 자신을 잘 알 테지만 기만한다. 타인을 기만하는 것도 오만하지만 자신을 기만하는 것은 거만하다.

나르시시스트는 자기를 이상화해서 그 이미지를 숭상하는 배우다. 자신의 오류를 인정할 수 없는 나르시시스트는 우아한 가면 속에서 무엇을 꿈꿀까.

얇은 마스크 하나만 벗어도 이리 시원한데, 두꺼운 가면을 벗으면 얼마나 시원할까.

목욕탕 단상斷想

⋮

어여쁜 딸을 두지 못한 까닭에 목욕탕에 혼자 간다. 따뜻한 물이 주는 위안이 제법이다. 어머니의 양수도 이처럼 따뜻하였을까 싶다. 무수한 여성들이 자유로운 휴식을 취하고 있다.

대중목욕탕에는 모든 연령대의 여성들이 지닌 무수한 스펙트럼이 펼쳐진다. 걸음마나 떼었을까 싶은 어린아이에서부터 허리조차 잘 펴지지 않은 할머니에 이르기까지 거의 모든 연령을 망라하는 여인들이 한곳에 모인다. 아주 조그맣고 가냘픈 어린 여자아이들이 엄마를 따라 쫄망쫄망 걸어 들어오는 모습은 귀엽기 그지없다.

가녀린 젊은 엄마가 어린 딸을 씻기느라 쩔쩔매는 모습이 눈에 들어왔다. 어린 여자아이는 무에 그리 불만인지 엄마에게 맞서서 짜증을 연달아 내고 있다. 젊은 엄마는 어린 딸을 달래가며 정성스레 씻기었으나 어린 딸은 대야에서 벗어나자마자 엄마는 안중에 없다는 듯 밖으로 나가려 한다. 젊은 엄마는 아이에게서 눈을 떼지 못하며 정작 자신은 부리나케 머리를 감고 비누칠 한 번 하고 만다. 저 엄마는 언제쯤 자유를 느끼며 느긋하게 찬찬히 스스로 돌볼 수 있게 될까.

딸 둘을 키우는 친구는 딸들이 자라서 정성스레 등을 씻겨준다고 자랑하였다. 어느 먼 훗날 저 아이가 자라 제 엄마의 등을 씻어주는 날은 오게 될까.

여성들의 연령대에 따라 몸의 변화가 가장 확연하게 드러나는 장소는 물론 대중목욕탕이다. 목욕탕의 주요 고객은 중년의 여성들이다.

엄마들은 아이를 품고 아이를 낳고 아이를 키우며 날씬한 몸을 잃어버렸다. 엄마들은 누군가의 며느리로, 누구의 딸로, 누구누구의 엄마로, 누구누구의 남매로 자매로, 누구의 아내로 혈관의 피브린처럼 출혈이 있는 곳에 다가가 공동체의 딱지 역할을 담당해왔다.

수많은 사람을 돌보며 값으로 매길 수 없는 역할을 해왔건만 신자유주의는 화폐를 벌어오지 못하는 행위들을 가벼이 여긴다. 모든 가정에서 아픈 부모님을 돌보고, 살림을 도맡아 하고, 아이들을 양육한 여성들의 가치를 얕잡아

본 역사가 어디 하루 이틀인가.

중년의 여성들은 다양한 몸을 지녔다. 어떤 여성들은 본래의 체형을 유지하지만, 많은 여성은 울퉁불퉁한 근육과 지방을 지녔다.

그녀들의 삶의 이력과 몸은 어떤 상관관계가 있음이 틀림없다. 비교적 순탄하고 수월한 삶을 영위한 여성들이 있고, 모진 나날들을 겪어내며 온몸과 온 맘으로 부딪혀 온 여성들이 존재한다. 그녀들이 자주 사용한 근육은 발달하고 그녀들이 사용하지 않은 부분에는 지방이 두껍게 내려앉는다.

몸의 군살도 그러하지만 마음의 군살은 어떠랴. 어떤 마음은 근육이 발달하듯 생기가 넘치고, 어떤 마음에는 두꺼운 방어막을 친 나머지 무디게 되었거나, 전혀 쓰지 않은 근육이 소실되듯 아무런 힘을 지니지 못한 채 무기력할 것이다.

고르게 발달한 근육이 건강한 육체의 조건이듯, 고르게 쓰는 마음 근육들이 건강한 마음과 건강한 정신의 조건이 될 거라는 명제에는 이견이 없을 터이다.

그녀들의 주변에 인품을 갖춘 남성들이 있고 따뜻한 성품의 여성들이 있었다면 대개 균형을 이룬 여성들의 몸이 되지 않았을까 지레짐작하여 본다. 그녀들의 몸처럼 그녀들의 마음도 균형이 이루어졌으면 좋겠다.

몸은 관찰할 수 있지만 마음은 겪어봐야 아는 것이기에 쉽사리 알 수 없다. 다만 몸과 맘은 어떤 식으로든 연결이 되어 있고 그 둘은 전혀 별개의 원리로 작동되지 않을 거라고 유추할 따름이다.

몸이 괴로울 때는 어떤 식으로든 맘에 신호가 전달되지 않는가. 몸이 힘들면 마음도 지치게 되지 않던가. 몸과 맘은 어떻게든 연결되어 있을 수밖에 없다. 몸이 아프면 맘이 즐겁지 않고 맘이 부대끼면 몸이 가볍지 않다.

이 여성들이 온실에서 곱게 자란 화초가 아니라 모진 비바람도 기꺼이 이겨낸 삶이라면 그 어떤 모습의 몸이라도 있는 그대로 좋다.

이들의 마음에 어떤 빗장이 걸려있는지 알 수 없지만, 그녀들이 따뜻한 물에서 몸을 이완하듯 마음도 충분히 이완하고 삶으로 가정으로 사회로 돌아가기를 바란다.

대중목욕탕에는 온갖 삶이 응축되어 있다. 여성이라는 테두리로 모인 이들에게서 여성의 몸과 맘의 연결고리에 대해 짧은 생각에 빠진다. 동지애가 진하게 느껴진다. 몸을 씻듯 맘도 씻고 가시라. 몸의 근육을 고르게 쓰듯 맘의 근육도 고르게 쓰시라. 그리하여 몸도 맘도 건강하시라. 우리 여성들이여!

김치

⋮

 언니가 불러서 김치를 내주었다. 넉넉히 김치를 가지고 돌아오는 길이 흐뭇하다. 이제 한동안 밥을 즐거이 먹을 수 있겠다는 것도 있지만 자매들의 김치가 모이는 즐거움도 흐뭇함을 더해준다.
 80년대 초반, 초등학교도 십 리 이상 걸어가야 했다. 상급학교는 면내에 없었다. 더구나 중학교가 있는 시내까지 통학 자체가 불가능하여 자취를 해야만 했다.
 중학생이 되면 일요일 오후에는 얼마만큼의 쌀과 김치 한 통을 들고 시내 자취방으로 간다. 시골집에도 냉장고가 없던 때라 자취방에 냉장고가 있을 리 없었으므로 대야에 물을 받아 김치통을 띄워 놓고 대야의 물을 갈아주며 김치를 보관했다.
 날씨가 따뜻해지면 아무리 물을 갈아줘도 수요일이 지

나면 김치가 익는 것을 막을 수가 없었다. 목요일과 금요일에는 김치 익은 냄새를 감내하며 도시락을 싸갔다.

친구들에게 미안해하며 양해를 구하며 도시락을 펼쳐놓고 잔뜩 시어 버린 김치로 점심을 먹었다. 3년 내내 자취방에서 반찬은 김치 한 통이 전부였다.

나중에 동생들은 멸치볶음과 김자반 등도 있었다는 얘기를 들었지만, 아버지가 돌아가신 직후에 중학교를 다녔으므로 다른 반찬은 상상도 하지 못했다.

토요일에는 김치통을 들고 전쟁처럼 집에 갔다. 그 해부터 새로 생긴 버스가 하루에 세 번 있었다. 오전과 점심 직후와 해거름에 버스가 있었는데, 장날이라도 만나면 버스를 타기 위해 터미널까지 있는 힘껏 뛰어야 했다.

장꾼들에 밀려 버스를 타지 못하면 해거름까지 기다려야 했으므로 어찌 됐든 한 시 반 버스를 타야 했다. 토요일마다 뛴 덕에 한 번도 버스를 놓친 일은 없었다. 아랫마을까지 버스로 가서 거기서부터 반 시간을 더 걸어야 집에 갈 수 있었다.

엄마는 일주일 동안 먹을 쌀과 김치를 담아주는 것으로 매 일요일을 보냈다. 지금도 김치 담그는 일은 손이 많이 가지만 오로지 사람 손으로 양념을 장만하던 예전에는 손이 무척 많이 가는 일이었다.

일요일마다 절구통에 마른 고추와 마늘과 생강 등을 넣고 손에 쥘만한 둥근돌로 갈아서 양념을 만들었다. 어느 날 절구통에 둥근돌로 고추를 갈게 되었는데, 미끄덩거리며 쉽게 갈리지 않아서 애를 먹었다.

한참을 갈아야 김치를 담글 만큼 곱게 갈아졌다. 매번 절구통에 허리를 구부리고 돌로 양념을 갈아서 김치를 담아주었기 때문에 김치는 반찬이라기보다 수고였고 정성이었다.

아버지는 자식들이 열네 살 때부터 자취하는 것을 안타까워했다. 시골에서 반찬이 풍요로운 것은 아니지만 김치만 먹어야 하는 자식들이 맘에 걸려했다. 아버지는 엄마에게 "김치라도 맛있게 담아주소"라고 말함으로써 자식들의 자취생활에 한몫했다.

대식구의 큰며느리이며 손맛이 좋았던 엄마는 더욱 정성을 다해 김치를 담갔다. 자매들에게 김치는 아버지의 사랑으로 이어진 음식이었으며 엄마의 솜씨로 인해 최고의 반찬이었다.

일주일 동안 다른 반찬을 못 먹는 자식을 위해 수요일 이후에 오일장을 볼 때면 지푸라기를 깔고 항아리에 고등어든 꽁치든 아껴두었다가 토요일이면 싱싱하지 않지만 생선 반찬을 해주었다. 상하기 전 고리고리한 냄새가 날 때도 있었지만 아껴둔 마음을 생각하며 맛있게 먹었다.

　엄마와 동생들이 싱싱한 생선을 언니랑 먹겠다고 아끼다가 상하기 직전까지 뒀다가 먹는 것이 속상하기도 하고, 미안하기도 하고 고맙기도 했다.

　대식구의 큰며느리인 엄마는 김장을 많이 했다. 양념이 적게 든 김장김치는 평상시 우리가 먹었고, 양념을 많이 넣은 김치는 설에 쓸 요량으로 특정한 독에 묻고 아꼈다. 귀한 손님이 올 때 꺼내놓으면 그 맛이 또한 일품이었다.

　객지로 이사 간 작은아버지가 설을 쇠러 큰집인 우리 집에 오면 엄마는 귀하게 아끼던 김치를 꺼내어 꼭지만 자르고 냈다. 작은아버지의 요청으로 그러한 것인데, 손님상에 꼭지만 자르고 내는 김치는 그 작은아버지의 전매특허 같은 것이었다. 작은아버지는 그 김치를 아주 좋아해서 가끔은 식사 중에 더 내와야 했다. 작은아버지의 흡족해하던 표정에서 귀향을 읽을 수 있었다. 김치에서 고향 향기를 맡는 것처럼 보였다.

　서울에서 학교 다닐 때 김치 없이는 밥을 먹을 수 없어서 김치를 담가 먹었다. 배추 한두 통을 사서 먹기 좋게 자른 다음 간하여 양념을 만들어 버무렸다. 어떨 땐 잘못 절여서 소태같이 짜게 될 때도 있었지만 익혀서 김치찌개를 끓여 먹으면 먹을만했다.

김장김치를 가지고 엄마가 다녀가면 몇 달을 김치 걱정 없이 지낼 수 있어서 더욱 좋았다.

김치를 일주일에 한 번씩 담그던 때도 지나고 일 년에 서너 번 담그던 때도 지나서 이제는 김장 한 번으로 일 년 김치를 담는다. 추석 전에 고추를 서른 근씩 사고 굵은소금은 미리 사서 간수를 빼는 것으로 김장준비를 한다.

좋은 배추를 골라 여섯 시간을 넘지 않게 간을 마치고 싱싱한 새우를 갈아 넣고 사과와 배도 채 썰어 넣으며 김장을 하는 것은 중요한 살림이다.

김장을 두 번씩 해서 김치냉장고 두 대를 가득 채우고 일반 냉장고에도 가득 채우고 베란다에도 한 통 놔두고 남한테도 나누어주었다. 김치 인심이 좋았다.

자식이 군대 가고 객지로 가서 식구도 줄었지만 지난해부터 김장을 담지 않았다. 바쁘다며, 마른 고추를 미리 장만해 놓지 않았다며 가만있었더니 친구가 김치를 가져오고 언니도 동생도 김치를 가져왔다.

김치를 몹시 좋아하는 사람이 김치를 담그지 않은 까닭을 아는 이들이 한 통씩 가지고 왔다. 나누어주기만 하던 김치를 얻어먹는 일이 생겼다.

집집마다 김치 맛이 조금씩 다르다. 입에 맞는 김치부터 먹었더니 나중에는 입에 맞는 김치가 없다. 마침 곤란을 겪던 차에 큰언니가 김치를 가져가라고 하니, 기쁜 마음으로 김치를 가져왔다. 언니 김치에서 엄마 맛이 난다.

  올해도 김장을 할지 안 하고 말지 모르겠다. 형편 보아가며 할 요량이다. 넉넉히 퍼주기만 하던 김치를 받아먹는 기분이 색다르다.

집을 보존하다

:

시골집이 빈 지 10년이 지났다. 집이 비자 일 년이면 몇 번 찾지 않는다. 고작해야 20여 분이면 갈 수 있는 거리지만 나서지지 않는다. 온기가 사라진 채 덩그러니 앉은 집은 예전에 허구한 날 드나들던 집이 아니다. 무시로 드나들던 집이 선뜻 들어가고 싶지 않은 집이 되어 버렸다.

지난가을 부모님 기일에 보니 큰 나무 두 그루가 지붕을 훌쩍 넘겨 비스듬히 서 있다. 자칫 태풍이라도 불어 닥치면 지붕을 덮치고도 남을 만큼 위태롭다. 그렇게 큰 나무가 자라고 있는 것을 까맣게 모르다가 위협적인 존재가 된 후에야 알게 되다니…. 무심함이 미안했다.

위험은 늘 그늘에서 서서히 자라서 한 순간 집어삼킬 만큼 커지는 것인가. 나무를 당장 잘라내고 싶지만 겨울을 기다리기로 했다. 나무가 잎을 떨궈내는 겨울이 되어야 나무를 수월하게 벨 수 있다니 기다리는 수밖에 도리가 없다. 겨울이 되면 나무를 베어내고 집을 보존할밖에.

어렸을 때 뒤란은 농기구를 보관하고도 넉넉한 공간이 있었다. 뒤란에 이어 언덕이 있고 언덕에는 대나무밭이 있었다. 대나무밭은 산으로 이어졌고 산에는 소나무가 빽빽했다. 집 뒤 언덕이 약간 높았으나 대나무와 소나무가 호위하고 있으니 언덕은 위험하지 않았다. 오히려 언덕 아래 집은 아늑한 느낌이 들었다.

빨간 지붕 뒤로 파란 대나무밭이 자리하고 그 뒤로 푸른 소나무들이 빼곡하게 들어차 있고 소나무 사이로 윗동네로 가는 작은 샛길이 호젓했다. 그 호젓한 작은 길로 재 넘어 들에 가고 밭에 가고 산에 갔다.

40년 전 즈음 작은 샛길 위로 소나무를 베어내고 산을 이용하던 이가 밤나무를 심었다.

벼농사 말고는 마땅히 농가소득이 없던 시골에서 밤나무는 가을 한 철 한 달 만에 벼농사만큼 목돈을 쥐게 해주었다. 밤나무가 소득이 되자 샛길 아래 소나무들도 베이지고 밤나무는 집 뒤로 바짝 다가왔다.

밤나무가 집 가까이 다가오면 집에는 좋을 일이 없을 테지만 거리낌 없이 밤나무밭을 확장했다. 돈도 돈이지만 아버지의 부재로 그들이 눈치를 볼 사람이 없게 된 것이 가장 결정적인 요인이었으리라.

샛길은 흔적도 없이 사라지고 언덕과 집 사이의 안전거리도 사라졌다. 순망치한이라 했던가. 얼마간의 소나무밭이 사라지자 대나무밭까지 초라해졌다.

아무래도 소나무 대여섯 그루가 자라던 땅에 밤나무 한 그루가 자라다 보니 맨땅이 많아지고 맨땅은 겨울이면 황량한 맨얼굴을 드러냈다. 더구나 비가 오면 흙이 쓸려 내려왔다. 어찌 된 영문인지 대나무밭도 자꾸 줄어들었다. 언덕은 자꾸 좁게 다가오고 드러난 흙은 위협적이었다.

급기야 홍수에 근 백 년이 된 씨간장독을 비롯한 장독대가 쓸려나가며 언덕은 현실적인 위협이 되었다. 수십 년 동안 뒤란 위 언덕은 서서히 상실이 진행된 상태에서 무시무시하게 큰 나무가 집을 쓰러뜨릴 지경에 이른 것이다.

오랜 기다림 끝에 마침내 나무들을 베어내기로 했다. 잎을 모조리 떨군 상태인데도 뒤란에서 보는 나무의 위용이 으리으리하다. 급하다고 무작정 나무를 벨 수 있는 것도 아닌가 보다.

예순을 한참 넘긴 큰형부가 발 디딜 곳도 마땅찮은 나무에 올랐다. 집을 보존하자고 하는 일이지만 위태롭게 나무에 오른 형부가 더 걱정되어 맘을 졸였다.

칡넝쿨이 나무와 몇 그루 남지 않은 대나무들을 얽혀놨

으니 칡넝쿨도 제거해야 하고, 나뭇가지에 밧줄을 묶어 고정해야 한단다. 언덕 위에 올라서 보아도 나무는 바로 베어낼 수 없는 형국이다. 칡넝쿨이 감고 간 가지를 잘라내고 밧줄을 묶고 나서야 형부는 나무줄기를 타고 내려왔다.

밧줄을 언덕 위 밤나무에 묶고 또 하나의 밧줄을 나무 밑동에 묶고 밤나무에 묶는 준비 작업을 마쳤다. 자칫 나무를 베다가 나무 아래 둥치가 지붕과 벽을 치게 되는 불상사를 예방하기 위해 치밀하게 작업을 진행해야 했다. 나무가 지붕 쪽으로 쓰러져도 안 되고, 베어지면서 벽을 쳐도 안 되는 작업이다.

드디어 나무가 베어지며 줄기가 당겨왔다. 우리 7명은 있는 힘껏 밧줄을 잡고 있다가 당기고 버티고 당겼다. 가늠조차 되지 않은 커다란 나무를 베어내고 나니 나무 베는 법을 알겠다. 나무 두 그루를 베어내고 정리하고 나니 시간이 훌쩍 지났다.

급한 대로 라면으로 요기하고 이왕 뒤란을 정리하기로 한 걸음이니 굴뚝 뒤 오래된 동백나무도 제거하기로 했다. 근 백 년은 되었을 법한 이 나무는 둥근 모양으로 우뚝 자라서 풍채가 멋들어졌다. 집을 위협하지 않는 곳에 있다면 그대로 두고 감상하기에 더없이 좋은 나무이다.

앞 두 그루 나무는 잎을 모두 떨군 상태인데 이 동백나무는 두툼하고 반질반질 윤기 나는 잎들이 아우러져 있다. 한 번에 이 나무를 쓰러뜨릴 재간이 없을 뿐만 아니라 그 무게를 밧줄이 감당하지 못하리라는 것은 자명했다.

　다시 큰형부가 나무에 올라 동백나무 가지를 하나하나 잘라냈다. 떨어진 가지 하나하나가 한 그루 나무 같다. 수십 개는 족히 되는 가지들을 몸통에서 떼어내니 동백나무는 큰 줄기를 중심으로 단출해졌다. 그 상태로 밧줄을 위 줄기와 밑동에 묶고 굴뚝과 지붕을 보호하기 위해 안간힘을 쓰며 나무를 베어냈다.

　한 아름이 넘을 동백나무는 무척이나 단단하고 무거웠다. 나무줄기를 토막 내다가 통나무 의자로도 넉넉할 것 같아 다듬어 쓸모 있게 쓰기로 했다.

　나무들을 자르고 정리하다 보니, 지붕이 아무런 간섭을 받지 않게 되고 푸른 하늘이 가까이 다가와 있는 게 시원하고 개운하다. 집은 한갓지고 호젓하며 산뜻하다. 무거운 나무들을 치우고 나니 집이 어깨를 펴듯 경쾌해졌다.

　나무에 올라 가지를 잘라내고 나무를 벨 수 있게 사전 작업을 한 큰형부와 힘과 속도를 조절하며 작업을 진두지휘한 작은 형부가 없었다면 나무를 베는 일은 언감생심 엄두도 내지 못했으리라. 밧줄을 당기고 뒷정리를 하고 청소를 하며 7명이 힘을 합하니 집이 보존되었다.

집만 그러할까. 잘 보이지 않은 곳은 서서히 훼손되고 손상되고 상실해가도 잘 알아채지 못한다. 마당이 멀쩡했으므로 집이 위태롭다는 생각을 못 하고 지낸 것처럼. 시가 아름다워서 시인의 허물을 모르고 지낸 것처럼.

집을 보존하기 위해 위협적인 나무를 베어내고 뒤란을 정리하고 청소했듯 자신을 보존하기 위해 살피고 경계해야 한다. 앞으로 10년만 다분히 돌보고 경계하고 살피면 큰 허물없이 나 자신을 보존할 수 있으리라.

PART 3

눈길이 머물다

꽃을 보는 시선

⋮

　회색빛으로 물드는 때가 있다. 문득 제 발걸음의 무게에 제 숨조차 버거운 날이 있다. 그럴 때면 아름다움으로 향하고 싶다. 조화로운 선율을 찾고 좋은 친구를 떠올리고 무엇보다도 빛을 담은 꽃이 보고 싶다.
　꽃이 여린 잎을 또렷하게 펼치면 닳은 구두 뒤축의 무게만큼 내려앉던 마음이 순간 나도 모르게 가벼워진다.
　영리한 한 여성은 '세상에서 가장 예쁜 꽃이 무엇이냐'는 일흔이 가까운 왕의 물음에 면화^{棉花}라고 답했다. 열다섯이 채 되지 않은 이 여성이 목화밭에서 목화를 따 본 적이 있는지, 솜을 넣은 옷감을 누비질해 보았는지 알 수 없지만 질문을 던진 의도에 가장 합당한 대답을 하고 왕비가 되었다.
　어른과 아이에게 두툼한 솜옷을 한 땀 한 땀 누벼준 아낙은 기쁨에 겨웠을망정 면화가 세상에서 가장 아름다운 꽃이라고 천연스레 말하진 않을 것 같다.

꽃 중의 으뜸으로 면화를 선택함은 다만 열다섯에 못 미친 여성의 대답으로는 자연스럽지 않다는 생각이 든다는 것이다. 관념의 승리요 이성의 도드라짐이며 차가움이 드러나는 역설이다. 이 영특함은 그녀 아버지가 개입하여 세자를 뒤주에 가두고 시파時派를 미워하는 힘을 발휘하며 한 시대를 흔든다.

꽃의 아름다움이 꽃의 색채나 형태에 한정되는 것은 아니다. 사물의 유용성은 꽃의 유용성에도 적용된다. 그리하여 꽃의 가치를 유용함에 둔다고 하여 이상한 것은 아니다. 우리가 먹는 모든 과일은 꽃에서 시작되며 채소의 씨앗도 꽃에서 얻는다.

사과의 어린 꽃은 앙증맞고, 복숭아꽃은 화려한 유혹이고, 유채의 노란빛은 반가운 인사가 되며, 호박의 커다란 꽃잎은 수수하여 웃음을 자아내게 한다.

이화梨花는 달밤에 운치를 더하여 시인을 이끌고, 해바라기는 여름내 해님 같은 모습으로 빛을 바라보다가 두 손 가득 넘칠 열매를 준다. 꽃 자체의 아름다움도 있지만 풍성한 열매로 인해 꽃은 더욱 사랑을 받는다. 가녀린 잎과 화사한 색깔과 향기로움으로 기쁨을 주고 열매까지 남기니 꽃이 지닌 존재의 가치는 더욱더 상승한다.

　꽃의 아름다움이 꽃의 유용성에 한정되는 것은 아니다. 열매를 맺어서 사람에게 유용하게 쓰여야만 꽃으로 사랑받는 것은 아니다. 울타리에 빨갛게 피어있는 장미를 보고 이익을 따지는 것은 아니지 않은가.

　유용함은 사람의 눈으로 보는 하나의 관점일 뿐, 곤충의 눈에서 본다면 그들에게 이익이 되는 꽃이 유용한 것이 된다. 우주의 눈으로 본다면 꽃이 지니는 가치는 모두 같은 무게를 지니는 것인지도 모른다. 바라보는 눈에 따라 보이는 것은 달라진다.

　뜰아래에 여러 가지 꽃씨들을 묻어두고 들여다보며 기다리고, 봉숭아꽃을 보고 시름을 달래던 여인의 발자취는 정답다.

　대문 밖 들국화를 보며 들판에서 돌아오는 여인은 미소를 짓고, 개나리 진달래를 보며 어린아이 같은 환한 웃음으로 봄을 느끼고, 과꽃을 보며 지나버린 젊음을 추억했으리라.

　길가 코스모스에서 자신을 발견하고 멈추어서 높은 하늘을 우러르고, 동백 붉은 잎에서 색채의 경이를 느끼고, 제비꽃에서 평화로운 기쁨을 맛보았으리라. 노란 민들레가 주는 반가움과 산뜻함을 무엇으로 대신하랴.

자연의 격려가 마음에 위안을 더하며 얼마나 큰 에너지를 주는지 경험으로 안다. 꽃을 보며 화를 내는 사람은 없다. 지친 사람은 꽃으로부터 위로를 받고 즐거운 사람도 꽃으로 인해 기쁨을 더한다.

어머니에게는 벼꽃이 가장 좋은 꽃이었는지 모르겠다. 봄에 모내기할 때 모내기를 끝낸 시원함보다 하루치 모낼 논이 더 있으면 좋겠다던 어머니는 이삭이 나오고 벼꽃이 피는 따뜻한 여름 한낮을 기쁘게 바라보았을 게다.

대문 안팎에 조금의 터라도 있으면 꽃씨를 묻었던 어머니는 나이 들수록 꽃이 예쁘다고 했다. 꽃 묘목을 사들이며 설레어했고 꽃을 보며 환한 웃음을 보였다. 언제부턴가 마당가나 대문 옆에 국화가 피었고 국화와 엄마는 서로 닮아 갔다.

존재하는 것은 그 나름의 가치가 있다. 세상에서 가장 아름다운 꽃은 면화가 되어도 좋고 벼꽃이 되어도 좋고 코스모스가 되어도 좋다. 누구든 가장 아름다운 꽃을 바라본다.

그렇지만 진리는 하나의 꽃을 왕으로 삼지 않는다. 쓸모가 있는 것도 아름답지만 멀리 있고 쓰이지 않는 것도 아름답다.

모자란 부분은 모자란 대로 약한 부분은 약한 대로 사람들은 존재한다. 창조하고 재창조하는 사람의 능력도 즐거움에 즐거움을 더하는 사람도 자기의 색채대로 산다.

하나의 가치가 다른 가치를 압도하는 사회는 자연스럽지 않다. 우주는 하나의 생명이 다른 생명을 압도하며 존재하지 않는다.

사람만이 가치에 가중치를 부여하며 지나치게 영리하게 순위를 매기고 자신의 가치를 강요한다.

꽃은 시간과 공간을 달리하며 핀다. 어느 꽃이 가장 아름다운 꽃이라는 순위를 매겨 줄 세우지 않는다. 우리가 아직 알지 못하는 쓸모를 가진 꽃도 있을 것이다. 한 생명이 다른 생명에게 어떤 영향을 주는지 다 알 수 없다.

기쁜 마음으로 보면 꽃은 저절로 알록달록하게 피어 환하게 빛나지 않겠는가. 모든 꽃은 이미 아름답다.

갖고 싶은 정원

⋮

 정원을 가지지 못한 나는 늘 정원을 꿈꾼다. 유년 시절에 너른 들과 빙 둘러진 산들을 뛰어다닌 추억을 지닌 까닭에 푸른 정원에 대한 꿈은 더할 수 없는 아쉬움으로 다가온다.
 근사한 정원을 갖춘 한옥을 금방 장만할 수 있을 것 같은 기대가 사라지는 데에는 그다지 오랜 시간이 필요치 않았다. 미처 서른이 되기 전부터 꿈은 소박하기만 했다. 사는 일이 마음대로 되지 않고 낯선 길로 질주하더라는 것을 체감한 후로 꿈은 농담처럼 가벼워졌다.
 아이들에게서 해방되는 어느 날, 지리산의 어느 자락에 들어가서 풀꽃을 벗 삼아 살아도 좋으리란 노후계획도 살며시 선택지에 들었다. 고향 언덕배기를 오르내리며 고사리를 꺾고 도라지를 캐러 다닌들 어떠랴 하니 마음이 차분히 가라앉으며 편안해졌다.

꿈의 정원은 아직 멀리 있는 까닭에 아파트 베란다에 화분 몇 개를 두고 식물을 접한다. 마당에 저절로 자라는 나무를 심고 그 그늘 아래에서 망중한을 즐기는 것을 상상했던 꿈은 땅에 발을 디디지 못한 것처럼 가볍기만 했나 보다. 흙 한 줌 두기 어려운 아파트에서 베란다 한쪽에 화분 몇 개 놔두는 것만이 푸른 식물에 대한 동경의 결과다.

섬세하게 마음을 쓰고 매일 들여다보며 가꾸는 성정이 아닌지라 안타깝게도 화분 안의 나무는 목마르듯 바짝 흙이 말라 가기도 했고 끝내는 두어 개 시들어버리기도 했다.

베란다에 자리를 잡은 지 십여 년이 지난 철쭉은 무심한 주인으로 인해 죽었다가 살아난 적이 있다. 나무가 잎을 모두 떨어뜨리고 바짝 말라서 철쭉의 재생을 체념하였다가 화분에 다른 나무를 심어볼 요량으로 들고나갔더니 가지가 살아있다고 했다.

기쁘고 감사하여 화분갈이를 해 주자 해마다 붉은 철쭉을 피워낸다. 무심한 손길이 민망스러울 뿐 아니라 살아있어 준 나무에 고마움이 큰지라 어느새 정이 듬뿍 들었다.

죽다 살아난 철쭉을 통해 회생이 불가능하겠구나 하는 판단은 성급하게 내리면 안 되는 것을 알았다. 어떤 단서를 무시하지도 말고 확대 해석하지도 말아야겠지만, 눈에 보이는 것이 판단의 모든 근거가 되지 않는다는 것을 다시금 상기시켜 주었다.

  세상에 있는 어떤 것도 쓸모없는 것은 없겠지만 찬찬히 들여다보면 값어치를 지니고 있다. 철쭉은 이미 가장 중요한 정원수처럼 베란다의 주인이 되어 있다.

  날씨가 따뜻해지면 소음에 시달리면서도 창밖의 풍경은 꽤 좋아 때때로 위안을 받는다. 멀리 산들이 이어지고 가까운 공원들에서 나무들이 사계절의 변화를 여실히 보여주고 있기 때문이다. 근처의 다른 아파트들이 배경을 일부 가리고 저 멀리 산 아래에도 아파트가 산의 절반 이상을 가리기는 하지만 산의 능선이 거의 드러나고 건물에 가려지지 않는 부분도 있으니 다행스럽다.

  창을 열어두고 가만 귀 기울이면 높낮이가 다른 새들의 지저귐이 들리고 산과 산들이 만들어 준 상쾌한 바람도 거침없이 들어와 손가락 사이로 지나가곤 한다.

  마당이 넓은 집에서 감나무와 대추나무, 앵두나무랑 동백나무 등을 심고 평상을 두고 철 따라 노랗고 빨갛고 하얀 꽃들을 피워내는 꽃씨를 심고 싶다는 꿈은 아직 유효하다.

  햇볕이 잘 드는 쪽에 장독대를 두고 튼튼한 빨랫줄도 걸어 보송보송 마른 수건을 널고 싶다. 꽃밭에서 풀들을 호미로 매어 보드라운 흙을 보송하게 부풀리고 뜨거운 커피 한 잔을 마시는 풍경도 상상한다. 나무 그늘에서 책 한 권

술술 읽으며 하루를 보내는 것도 참 좋겠다.

 한옥을 지어 살고 싶다는 희망에 아들들이 '제가 한옥 지어 줄게요' 하며 재롱을 부렸지만, 저들도 자기 몫의 삶이 녹록하지만은 않으리니 재롱일 따름이다.

 시골에 들어가서 아버지가 심어둔 편백나무 몇 그루 베어내 방 한 칸과 부엌 한 칸을 가진 두세 칸짜리 조그만 집을 짓고 온 들과 산을 마당 삼고 정원 삼아 사는 것이 가장 현실적인 구상 같은 예감을 한다.

 감자 심어 감자꽃 보고, 고추 심어 하얀 고추꽃도 보고, 호박 심어 커다란 호박꽃도 보고, 가지 심어 보라색 가지꽃도 마음껏 감상하는 것도 좋다. 무언들 심고 가꾸면 무언들 얻지 않을까.

 정원이 갖고픈 것보다 나무를 심고 흙을 만지며 살고픈 건지도 모르겠다.

 속이 시끄러울 때는 마당으로 나가 풀이라도 뽑고 마당을 거닐기도 하련만 엘리베이터에 의해 소외된 아파트에서는 마음을 털어낼 공간마저 공허하다. 기껏 책상에 앉아 책 속으로 회피하거나 텔레비전을 켜 놓고 진지함으로부터 도피하는 꼼수를 부리며 자신으로부터도 소외된다. 머무는 공간이 한정되어 있으니 그 삶의 영역도 좁은 공간에 한정된다.

아파트에 거주하는 현대의 인류는 교통과 통신의 발달에도 불구하고 좁은 영역에 갇혀 지내는 식물 같은 존재의 특성도 지닌듯하다. 땅에 발을 딛지 못하고 허공에 축조된 시멘트를 딛고 사는 사람들에게 땅은 정원은 그리움의 대상이자 어머니의 자궁처럼 돌아가고픈 귀착지인 것 같다.

산이 좋아 산을 찾는 사람의 정원은 그가 다닌 모든 산으로 확장된다. 히말라야에 오르는 사람에게는 히말라야도 그의 정원의 한 모습이다.

걸어서라도 가고픈 로마는 미래의 정원의 한 모습이다. 산에 오르고 오지를 여행하고 여러 나라를 다니는 사람은 넓은 정원을 꿈꾸어왔던 사람인지 모르겠다. 좁은 아파트를 벗어나 흙을 밟으며 살 수 있는 날을 기다려본다.

창밖의 그림 같은 풍경이 아니라 손길과 발길이 닿는 살아있는 정원에서 느릿하게 거닐고 싶다.

거울

⋮

　애초에 거울은 신령스러운 물건이었다. 단군은 청동방울과 청동검과 아울러 청동거울을 지녔다. 지도자는 거울에 무엇을 비춰보아야 했던 것인가. 마흔이 되면 얼굴을 책임지라고 했던 것처럼 스스로 얼굴을 살펴보아야 했을까.
　거울은 가능한 한 많은 빛을 반사해야 한다. 빛은 산란하거나 분산하는데 하늘이 파랗게 보이는 것은 파란빛의 파장이 가장 짧아 산란이 잘 되기 때문이다.
　우리의 마음에는 어떤 빛깔이 어떤 감정과 연결되어 어떤 감정이 가장 잘 드러나게 되는 것인지 알 수 없다. 희喜, 노怒, 애哀, 구懼, 애愛, 오惡, 욕欲의 일곱 가지의 감정 중에 각각의 감정은 빨, 주, 노, 초, 파, 남, 보의 일곱 가지 색깔에 어떻게든 대응되어 있을 것 같다.
　랭보는 각각의 모음을 각각의 색채에 대입했다고 한다.

자주 감지되고 표현되는 감정들의 색깔로 각각의 무지개는 다를 것이다.

타인의 얼굴은 볼 수 있으나 정작 자신의 얼굴은 보지 못한다. 어쨌든 거울은 자기 스스로를 살펴보는 데 유용하다.

주름살을 보고 나이 드는 것을 더욱 실감하거나, 머리 모양을 보고 미용실에 갈 때가 되었다고 생각하거나, 화장하며 외출 준비를 한다. 자주 함박 웃지 않아서 얼굴 표정이 굳었다는 것도 발견하고, 예전만큼 자주 미소 짓지 않는다는 것도 느낀다. 아무리 화장해도 눈물자국이 다 덮어지지 않는 것을 알고, 일부러 웃어도 슬픔이 한 꺼풀 아래까지 올라와 있다는 것도 안다.

중력이 데려간 피부와 세월이 머문 눈가와 자주 다문 입을 본다. 거울을 보고 비로소 현실을 더 자각한다. 마음은 스물서넛, 서른두셋 그대로인데 현실은 그렇지 않다는 것을 수긍한다.

거울은 나르시스처럼 자기애에 흠뻑 도취될 위험을 안고 있다. 집에도, 엘리베이터에도, 쇼윈도에도 넘치도록 거울이 많다.

베르사유 궁전에 대한 경외감은 수많은 거울들 때문이었다고 한다. 타인에게 보이기 위한 거울이다. 베르사유 궁전에도 곳곳의 거울 수만큼 자아도취의 나르시시스트들이 존재했다. 어쩌면 몇몇의 나르시시스트들이 가는 곳마다 거울들을 장치해 두었는지도 모를 일이다. 자기애의 절대적 위치에서 벗어날 수 없도록 하기 위해서, 타인에게 관심을 두지 못하도록 눈을 가둔다.

사람은 여러 가지 모양의 얼굴을 가지고 산다. 페르소나는 고대 그리스 연극배우의 가면으로 사회적 얼굴을 지칭한다. 화장을 하는 것은 사회적 얼굴로 변신하는 일 중 하나이고 사회적 얼굴은 때때로 필요하다.

때와 장소에 맞는 표정과 옷차림과 행동은 예절이라든지, 매너라든지, 에티켓이라는 말로 사회적 생활에 알맞게 문화의 이름으로 불리고 있다.

거울을 찬찬히 들여다보면 표정 속에 감정이 보인다. 타인의 얼굴 속에 감정이 드러나듯 거울 속의 자신도 감정을 내보인다. 슬픔도 기쁨도 쓸쓸함도 무늬를 새기듯 얼굴에 새겨져 있다.

겉모양의 아름다움을 위해 꽤 많은 시간과 비용이 필요하다. 겉으로 드러난 미는 공기와의 접촉에 의해 산화될 수밖에 없는 운명인데, 시간과 비용에 비해 효과가 크지 않은 것 같다.

공기와의 접촉도, 시간과의 저항에도 결국 사람이 지고 말 것이기 때문이다.

정신과 마음은 늙지 않는다. 거울이 비추지 않는 것을 볼 재간이 없기에 짐작만 할 요량이다. 정신과 마음은 늘 젊은이처럼 파릇하고 윤기가 흘러 반짝 빛이 나며 연분홍이랄지 초록이랄지 보라의 색깔일 것 같다.

정작 중요한 것은 눈에 보이지 않는다. 시인의 눈으로 보면 보이지 않는 것이 보일까.

나는 거울을 보지만 타인은 나를 본다. 마주 앉은 사람의 얼굴에 따라 나의 얼굴이 달라진다. 마주한 얼굴이 나의 얼굴이 되고 나의 마음은 너의 마음에 영향을 준다.

그러고 보면 거울이 따로 있는 게 아니다. 지금 여기에 마주한 너의 얼굴이 나의 거울이다. 나 또한 너다. 희, 노, 애, 구, 애, 오, 욕 중에 어느 감정을 실은 얼굴을 자주 보는가에 따라서 나의 얼굴 표정을 짐작할 수 있다. 밝고 긍정적인 성숙한 사람과 마주하고 싶다면 내가 그런 사람이 되어야 한다.

자주 보는 사람의 얼굴은 닮아 가는 것 같다. 어떤 부부는 오래 살수록 닮아 가고 부모 자식 사이의 닮음도 유전 탓만은 아닌 것 같다.

형제나 자매 중에도 유독 닮은 표정이 있고, 친구의 눈매도 같이 나눈 시간의 깊이만큼 닮아 간다. 개구쟁이는 개구쟁이 얼굴로 서로를 알아보고 슬픔을 가진 눈은 슬픔의 색채를 읽어낸다. 아파본 사람은 아픔의 색깔을 알아보고 아픔을 안을 수 있다.

번개 같은 성냄 뒤에 무지개가 뜨고 햇빛은 더욱 찬란한 것 마냥 시련 뒤의 성취는 더욱 빛난다.

수면 위의 미세한 파동에도 비치는 사물이 흔들려서 진면목을 볼 수 없듯이 사람의 마음에 이는 작은 파문에도 진실은 가려지기 쉽다. 더구나 오해와 왜곡의 색안경으로 타인을 보아서는 안 될 일이다.

할 수 있다면 진실을 보도록 마음의 눈을 닦을 일이다. 내면이 어렴풋이 묻어나는 마음을 살피기 위하여 거울을 닦듯 마음도 맑게 지녀야 한다. 가끔은 영혼의 색깔이 거울에 비칠지도 모른다.

호모 루덴스

⋮

　호모 루덴스는 놀이하는 인간을 이르는 말이다. 사람이 노는 것을 좋아하는 것은 보편타당한 일이겠는데, 어떻게 노는 것이 잘 노는 것인지에 대한 고려가 필요하다. 놀이는 인간의 본성에 속하는 것으로, 놀지 못하거나 놀 수 없다는 것은 상상조차 어려운 부자유하고 불행한 상태일 것이다.

　놀기에는 무더운 여름이 그중 좋다. 대부분의 휴가가 여름에 집중되어 있고, 유희의 기억도 여름과 맞닿아 있는 것이 제법 많다. 아닌 게 아니라 올림픽과 월드컵도 여름에 하는 이유가 아울러 놀기에 적당하기 때문인 것 같다.

　시골에서 여름방학이면 가장 중요한 일이 소꼴을 먹이는 일이었다. 정월대보름이 지나서 농사를 준비하는 것은 논과 밭에 두엄을 내는 일로 시작한다.

아버지는 연세도 많고 늘 숨이 차서 힘든 일은 못 했기에 거름 나르는 일은 우리들의 작은 머리에 의지해야 했다. 친구 아버지가 지게로 한 번 져내는 거름을 엄마랑 딸 서넛이 이어 날라야 비슷했다.

본격적인 봄 농사는 소의 몫이 절반이나 될 듯하다. 소는 논밭의 땅을 갈아엎어 비로소 생명을 왕성하게 기를 수 있게 했다. 모내기가 끝나면 소의 수고로움도 끝나갔다.

여름방학은 무척 유쾌한 나날들이었는데, 그 중심에 소꼴 먹이는 일이 으뜸이다. 소꼴 먹이는 일은 동네에서 놀 만한 또래는 모두 참여하는 매일의 일과여서 소가 없던 친구는 염소를 끌고 가기도 했다. 점심때가 넘어서 쇠코뚜레의 방울소리가 골목길에 울리면 기다란 소꼴 먹이러 가는 행렬이 생겨난다.

행선지는 대여섯 곳 중 하나로 정해지고 그곳에서는 모여 놀 수 있는 넓은 터가 있다. 소들은 무리 지어 느릿하게 풀을 먹었는데 커다란 몸집인데도 유순하기 그지없다.

대개 해지기 전 소들은 처음 방목했던 곳으로 돌아왔고 그사이 오후의 시간은 온전한 놀이의 시간이 된다. 용두골과 진남재에서는 비닐을 둥글고 단단하게 돌려 감아 맨손야구를 하였다. 야구를 변형한 것으로 방망이 없이, 주자가 왼손으로 공을 띄운 후 오른손으로 공을 때리고 야구처럼 다이아몬드를 돌아 들어온다.

또한 나뭇가지를 몇 가닥 깔고 미끄럼을 타기에 좋은 곳도 있었다. 그리고 대통골에서는 나이 따먹기 등, 유쾌한 놀이를 하였는데 동네라야 인근에서도 작은 축이어서 십여 가구뿐인지라 놀이에 참여하는 나이의 폭이 넓었다.

긴 여름날의 오후는 항상 흥겨운 축제처럼 동네를 둘러싼 사방의 산을 떠들썩하게 했다. 소들도 여름 한 철의 나들이가 소풍처럼 즐거웠을까. 코뚜레의 당김 없는 발걸음으로 한껏 느긋하게 싱그러운 풀밭에서 포만감을 느꼈기를 바란다.

땅거미가 내릴 무렵의 마을 고샅길은 아늑한 촉감으로 남아있다. 소꼴을 먹이며 놀던 고향의 지기들과 형제 같던 언니, 오빠들이 자못 그리워진다. 환상처럼 아득한 여름날의 축제도 흑백 필름처럼 아련히 그립다.

혀끝의 초콜릿처럼 감미로워 살며시 눈을 감는다.

우리 아파트는 운동장과 마주 보고 있다. 불과 20미터도 되지 않는 거리에서 아파트와 운동장이 서로 흘끔 보는 것 같다. 아이들이 학교에 가기 좋을 것 같아서 이사했지만. 체육공원 앞에서 노숙하는 것 마냥 낭패스럽던 때가 있었다.

몇 년 전, 운동장에 인조잔디가 들어앉더니 축구도 같이 들어왔다. 이른 아침, 새소리보다 햇살보다 먼저 진군하여 점령군처럼 갖은 고함으로 만끽하는 몇몇 인간에 대한 예의를 상실한 것 같았다.

매일 아침 수십 명이 파이팅 넘치는 고함을 질렀다. 욕설과 비속어도 난무했다. 비가 오는 날도 어김없다. 폭우조차 아무런 제약이 되지 못했다.

상쾌한 아침 운동이 몸과 맘을 강건하게 한다면 바로 앞에 무엇이 있는가는 중요한 고려사항이다. 께름칙해야 옳다. 로크는 '허공에 팔을 휘두르는 것은 나의 온전한 자유이다. 하지만 나의 손끝이 다른 사람의 코끝을 건드릴 수 있다는 느낌을 갖는 순간부터는 더 이상 자유가 아니다'라고 했다.

맘껏 소리 질러가며 공을 찰 권리는 타인의 행복을 추구할 자유와 권리를 침해하지 않는 범위 내에서 존중받아야 하는 것이다.

시골에서의 놀이는 동참이고 어울림이고 신명이었는데, 도시의 놀이는 늘 소음으로부터 시작한다. 그들만의 요란한 놀이에 문득 쓸쓸함을 느끼며 이제는 이른 아침, 창문을 꼭꼭 닫고 에어컨을 켜는 날이 잦다.

아침의 시원한 바람이 팔을 스치는 촉감과 인사하듯 노래하는 새소리도 평화롭게 들을 수 없는 작은 섬이 된다.

예전 농경문화에는 소외가 없었는데 문명이 발달한 사회에서의 소외는 인간 본질과 문화에 대한 통찰을 요구한다. 잘 놀 수 있는 공간이 있으면 좋겠다.

육각형과 오각형의 조화가 둥근 원이 되었듯, 고요한 아침과 조기축구도 공존할 수 있으면 좋겠다. 그러면 호모루덴스는 유쾌할 것이다.

물의 여행

⋮

 목이 마를 때 한 모금의 물이 산해진미보다 맛있고 참사람이 그리울 때 번거로운 만남보다 진실한 사람 하나가 더욱 값지다.
 물은 생명에게 아주 중요한 요소이지만 커다란 유기체인 지구라는 행성에서도 꽤 중요한 위치에 있다.
 우리 몸의 7할이 물이듯, 지구 표면의 7할도 물이다. 물은 잠시도 멈추지 않는 역동적인 몸짓으로 땅을 적시고 강을 채우고 바다를 만난다. 풀의 목마름을 해갈하고 나무의 뿌리를 적시고 고라니의 목을 적신다.
 물은 가장 낮은 바다로 거침없이 흐르다가 나비보다 가볍게 날아올라 새들보다 높이 비상하여 구름 속에 노닐다가 수직 낙하하는 경쾌함을 지녔다.
 무덥던 여름날, 시골 친구들은 냇가로 몰려갔다. 동네에서 물놀이하기 적당한 곳이 두세 군데 있어서 물놀이하기에 좋았다.

여름에 멱을 감는 일은 동네 아이들의 가장 흔한 놀이였는데 떠들썩한 웃음소리가 작은 보 끝에서 떨어지는 물소리와 더불어 아래로 바쁘게 흘러갔다. 산중이었던 우리 동네의 하나뿐인 윗동네에서 내려오는 물은 꽤 많아서 우리가 놀던 봇물 위에 철철바위라는 이름의 바위가 말해주듯 우리가 놀기에 마땅한 놀이터였다.

봇물 가운데 즈음에 있던 바위 위에 올라가 다이빙을 한다며 뛰어내리면 살갗에 닿는 물의 촉감이 부드럽고도 탄력이 있었다. 입술이 파래지도록 놀다가 10여 미터 아래에 넓둥근 해바라기 바위의 뜨거움에 흡족했다.

우리 동네는 모두 옷을 입고 놀았다. 여름옷이라고 해봐야 허름하기 짝이 없는 얇은 천 조각쯤 될 성싶다. 너무 오래 물속에서 놀았든지 입술 색이 더디 돌아올 때, 가끔은 옷을 벗어 바위 위에 펼쳐 말리는 경우도 있었다.

간혹 해거름 무렵까지 물가에서 놀 때가 있는데 그럴 경우는 다슬기를 잔뜩 잡아서 온다. 다슬기는 해를 기피하는지 이른 아침과 해 저물 무렵에 많이 보인다. 아랫물 놀이터 근방에는 다슬기가 많았다. 돌아오는 길에 탱자나무 가시를 여남은 개 따오는 것도 빠뜨리지 않는다.

노자는 상선약수上善若水라 했다. 최고의 선은 물과 같아서 만물을 이롭게 하되 다툼이 없다고 했다. 농경사회의 물은 당연히 그러하다.

물은 순리대로 흐르건만 사람이 물싸움을 했다. 농촌에서 가뭄이 들어 모내기가 늦어지면 그악스럽게 물싸움이 벌어지기도 한다. 가뭄에 나는 물싸움은 살기등등했다. 인정사정없이 두 번 다시 안 볼 것처럼 싸웠다.

샘은 온 동네 사람들의 정화수와 같다. 매일 쓰는 만큼 채워지고 맑아지는 샘물은 땅의 선물처럼 사람들의 발자국 소리에 맞추어 물을 채워 주는 것 같다.

유년의 마을에는 집집마다 수도가 없어서 샘에서 물을 길어 먹었다. 샘은 몇 칸의 구분이 있는데 최상위의 물은 정갈하게 사용해야 했다.

두 번째 칸은 먹을거리를 손질하거나 빨래의 헹굼 용도로 쓰였다. 위의 두 칸의 물은 바가지로 떠서 사용했다.

세 번째 칸은 가장 넓어서 빨래하는 용도로 쓰였고 동네의 소문은 늘 빨래터에서 시작되기 마련이었다.

마지막 칸은 허드렛물로 사용하였다. 물동이에 물을 이고 갈 때면 반쯤 물을 담은 바가지를 띄워 물이 출렁거리는 것을 줄였고 연거푸 물을 길어 물독을 채워놓으면 마음이 가벼웠다.

동네 위쪽 샘에 수도가 연결되자 아래에 있던 샘은 가축용 호스가 묻히고 이끼가 끼고 물이 줄었다. 우리 집 논들 사이에 있던 샘을 잃어버린 아쉬움이 자못 크다.

 불이 해와 남성에 대응한다면 물은 달과 여성에 대응한다. 밀물과 썰물이 달과의 인연이듯 여성스러운 부드러운 물과 여성스러운 은근한 달과의 조화가 자연스럽게 여겨진다.

 어머니들은 첫새벽의 정화수를 떠 놓고 달빛에 빌었다. 정화수는 양수의 현화일 수도 있을 것 같다. 자궁의 양수보다 더 모성을 드러낼 상징물이 있을까 싶다.

 최초의 안녕을 그리는 것은 모든 생명의 보편타당한 정서일 것이다. 달은 28일 주기로 재생하는 여성의 상징물이다. 생명의 잉태 가능성이 달과 맞물려 있다.

 물은 변화무쌍하다. 적응력과 견딤의 정도가 가히 절대적이다. 냉담한 차가움에서는 투명한 얼음이 되었다가 일상의 상온에서는 매끄러운 물이 되었다가 견딜 수 없는 열기에서는 모습을 감춘다. 언뜻 보면 사람도 물처럼 때에 따라 변한다. 어떨 땐 변함없는 우직함이 진실인 것 같고, 어떨 땐 적절한 변화가 순리인 것 같기도 하다.

 물이 모습을 바꾸어도 수소 2개와 산소 하나가 만나 이루어진 물질이라는 본질에는 변함이 없듯 때와 장소에 따라 변하는 사람도 기초 성품에는 변함이 없는 것 같기도 하다.

아무리 큰 덩어리도 하나로 밀착하여 융합하고 아무리 작은 물방울에도 가벼이 나누는 물의 천성이 순하다. 물에는 직선과 곡선이 모두 있다. 드넓은 바다의 수평선과 물결의 일렁임은 물의 힘과 부드러움을 암시하듯 양면을 바라볼 안목을 가지라고 말한다.

파도에는 깨어짐의 파격과 찰나의 비너스의 아름다움이 있다. 거품에서 태어난 아프로디테의 불안이 있다.

21세기는 감성과 상상력과 여성성의 시대가 될 것이라는 예측과 물이 최고의 가치 있는 자원이 될 것이라는 예측도 있다. 사람 사는 세상이 발달하고 변화하여도 사랑과 자비와 인仁이라는 주춧돌은 어김없이 인간의 시금석이 될 것이다.

물이 많아도 맑은 물 한 모금이 생명을 살리는 것처럼 사람이 많아도 맑고 순수한 사람이 사람을 사람답게 하지 않겠는가. 물의 힘은 세다. 가장 강한 것을 다스리는 힘을 지녔다. 피가 살아있는 생명체의 모세혈관까지 세밀하게 순환하는 것 마냥 지구라는 생태적 생명체에도 구석구석 맑은 물이 돌아 공존하기를 꿈꾼다.

3월

⋮

봄이 온다. 3월이다. 겨우내 모자랐던 햇빛이 더 오래 머문다. 햇빛이 비추는 창밖을 지긋이 바라본다. 가로수의 우듬지가 파르스름해지고 겨울눈이 부풀어 오르며 봄이 온다. 나뭇가지에 앉은 새들이 경쾌하게 재잘거린다.

3월이어야 봄이라 할 만하다. 입춘이 서둘러 와도 2월은 아직 봄이라 하기 이르다. 모든 것이 새로이 시작되는 3월이어야 이제 비로소 봄이구나 싶다.

겨우 발걸음이나 떼었을까 싶은 어린아이들이 어린이집을 가기 시작하는 3월, 초등학교에 갓 입학한 아이들이 설레는 마음으로 낯선 학교에 가는 3월, 중학생이 되고 고등학생이 되고 대학생이 되는 3월이야말로 화창한 봄이라 할 만하다.

가벼움과 산뜻함, 화사함이 봄의 길목에서 반가운 인사

를 한다. 어린아이를 데리고 햇볕 바라기를 할 수 있는 3월의 어느 날이어야 봄이 그 동네에도 온 것이다. 불쑥 올라온 쑥을 캐러 가는 할머니의 걸음에 봄이 따라온다.

3월이면 아침이 분주하다. 생기가 돈다. 겨우내 느슨하게 풀린 태엽이 바짝 당겨 감긴 것처럼 적절한 긴장감이 든다.

부산한 욕실과 소란한 아침의 식탁은 3월을 더욱 활기차게 한다. 3월의 아침은 햇빛이 부는 기상나팔 같다. 서둘러 봄을 맞이하라는 햇빛의 명령.

새로 시작한다는 것은 즐거움과 기쁨만 주는 것은 아니다. 아직 모르는 길은 낯선 두려움을 주기도 한다.

어린이집에 갓 다니기 시작한 아이는 아침의 이별이 두렵다. 엄마와의 이별은 최초의 시련이다. 새로움에 익숙해지는 시간이 필요하다. 익숙함과 헤어지지 않고 새로움을 만날 수는 없다. 엄마의 격려와 응원으로 아이들은 3월을 맞고 적응기를 갖는다.

상급학년에서 상급학교에서 새로운 친구들을 만나고 새로운 방식을 배우는 3월은 배움과 적응의 시기이다. 설렘과 두려움이 혼재하는 3월은 그리하여 더욱 생기가 돈는다.

여덟 살 때 하얀 거즈 손수건을 왼쪽 가슴에 옷핀으로

고정하고 들어선 운동장은 3월에 대한 최초의 희열이었다. 그때는 콧물을 흘리는 아이들이 흔해서였는지, 손수건을 달고 학교에 등교하도록 했다. 워낙 산골에서 자란지라 그토록 많은 사람을 본 것은 그날이 난생처음이었다.

호기심과 흥미가 운동장을 가득 채웠다. 오로지 두 개 반이 한 학년이었기에 친밀도가 높은 초등 학령기를 지냈다. 동네도 부모도 형제자매도 웬만큼 알았다.

시골에서 도시로 편입한 날도 3월이다. 근 칠십 명씩 여덟 반이 한 학년이었다. 시골과 견줄 수 없는 규모다. 3년 동안 같은 반이 되지 않으면 얼굴도 알 수 없는 동창도 있다.

체육대회가 열리면 그 규모가 값어치를 했다. 배구와 피구 경기 못지않게 열띤 응원이 이어졌고, 소풍이라도 갈라치면 그 끝없는 행렬이며 요란한 장기자랑이 볼만했다.

고등학교는 서울에서 다녔다. 관심사도 많고 할 일도 많고 생각도 많았다. 그래도 학생이어서 무척 편안했다. 여중과 여고를 나온 데다 키가 작아서인지 얌전한 학생에 속했다.

비록 마흔 살이었지만 대학에 다니기 시작했던 3월도 설렘과 기쁨으로 채워진 날들이었다. 3월은 모든 기쁨과 함께했기에 좋아하는 것을 하지 못했던 3월은 그만큼 마음이 무겁고 온몸이 아팠다.

아이들이 학교에 다니기 시작하여 덩달아 초등학생으로 돌아간 듯한 3월들이 있었고, 아이들의 성장에 따라 또 다른 3월들이 이어졌다.

긴 방학이 끝나고 아이들이 학교에 간 3월 아침에는 평화로운 자유가 선물처럼 주어진다.

겨울이 길었던 만큼 봄을 기다리는 마음이 조급하다. 삭막한 흑백의 산야를 바라본 시간만큼 천연색의 알록달록한 산과 들이 그립다. 메마른 듯 무심해 보이는 나뭇가지의 촉감이 거친 만큼 공단 같은 잎사귀와 실크 같은 꽃잎이 보고 싶다.

봄은 희망을 얘기하는 계절이다. 새로운 꿈을 꾸는 사람도, 작은 꿈을 키워가는 사람도 봄에는 희망을 품는다. 새롭게 시작하는 사람들은 꿈을 향해 나아가는 사람들이다.

소박한 즐거움이든 커다란 소망이든 간절한 염원이든 희망이 사람을 진보하게 한다.

3월이다. 따스한 햇볕을 벗 삼아 뒷산에 갔다. 부풀어 오른 겨울눈을 보고 맑은 새소리를 들었다. 봄이 오는 3월은 찬란하다.

동그라미와 네모

⋮

　사람들은 동그랗게 모여 살고 세상은 한없이 넓게 퍼져 있다. 비슷한 색깔이 모여 작은 동심원을 만들고 작은 동심원들은 더 커다랗고 알록달록한 원을 그리며 모이고 흩어진다.

　마음도 한 곳에 뜻을 모으고 감정의 색깔로 모였다가 어느 사인가 제 자리로 무상하게 돌아간다. 둥글게 모였다가 사방으로 퍼져나간다. 동그라미와 네모는 단짝처럼 어울리며 때론 부드럽게 때론 반듯하게 서로를 받치고 있다.

　동그라미는 아기의 웃는 얼굴이다. 아이들은 동그란 비눗방울을 불며 즐겁다. 햇빛에 반짝이는 무지개도 예쁘지만 하늘로 올라가는 동그란 물방울을 동그랗게 따라 올라가는 아이의 눈이 더 예쁘다.

　이른 아침 풀잎에 맺힌 이슬은 동그란 몸을 옹크리고 있다. 나뭇잎이나 풀잎에서 떨어질 듯 아슬아슬하면서도 우아하게 몸을 모으는 물방울은 동그란 미소를 닮았다.

맑은 하늘에 커다란 애드벌룬은 축제에 초대받은 작은 소녀같이 가벼운 설렘을 더한다.

모처럼 고요한 운동장에서 아장거리는 꼬마들이 푸른 공을 굴리며 논다. 공은 한곳에 머무르지 않고 아이들에게 너른 운동장을 선물한다. 개구쟁이의 자전거 바퀴는 경쾌하게 돌아가고 할아버지의 오래된 자전거에는 삶의 역사가 같이 묻어있다.

자동차 바퀴는 모든 사람을 태우고 모든 길을 거침없이 간다. 기차 바퀴는 산채만 한 몸체를 싣고 무던하게도 굴러간다. 동그라미는 멈추지 않는 생동감을 지닌다.

쾌활한 즐거움이 있고 만남이 있다. 신나는 아이들이 있고 명랑한 이야기가 함께 한다.

하늘은 둥글다. 하늘에 빛나는 해와 달은 둥근 반원을 그리며 돈다. 하늘의 중심은 각자의 삶이다. 홀로 서 있는 자리가 원의 중심이다. 하늘은 둥글어서 가장자리가 없다.

모든 삶은 가장자리가 아니다. 아이도 어른도 노인도 삶의 중심에서 하늘의 중심에서 산다. 하늘은 모두를 감싸고 있는 커다란 원이다.

세상의 모든 지혜를 담은 책은 네모나다. 네모진 책은 포용력을 지녔다. 공간을 허비하지 않는 네모는 톡톡 튀는 열정은 없지만 과묵하고 인내한다.

자동차가 둥글면 더 많은 사람이 탈 수 없다. 책이 동그라면 이야기가 생략되고 노트가 원이라면 쓰기도 읽기도 페이지를 넘기기도 불편하다.

공간을 넓게 쓰려는 네모는 실용적이고 무던하다. 단조롭고 멋없는 네모지만 어울리는 게 많다. 둥근 공이 구르는 운동장은 네모지고 축구장도 테니스장도 탁구대도 네모나다. 아파트의 집들이 네모나고 따뜻한 방들이 네모나고 산뜻한 이불이 네모나고 시원한 바람이 드나드는 창문이 네모나다.

평온한 땅은 네모와 닮았다. 들판의 논은 반듯반듯하게 네모다. 지평선 아득한 벌도 네모지고 가도 가도 끝없는 땅도 커다란 네모 모양 같다.

감자가 자라는 밭두둑이 네모지고 씨알 굵은 양파가 자라는 밭이 네모지다. 땅은 바람과 비와 구름과 산그늘에 순응하며 조용하다.

수평선이 까마득한 바다도 네모를 닮았다. 바다는 모든 것을 포용하고 있지만 태평하다. 작은 네모만 아니라면 네모난 줄 모를 일이다.

동그라미를 닮은 사람들이 있고 네모를 닮은 사람들이 있다. 경쾌한 다혈질의 유형과 포용력이 있고 평온한 점액질의 유형이 공존한다.

동그라미는 네모와 세모가 있어서 동그라미의 아름다움을 뽐낼 수 있다. 네모는 동그라미가 있어 단조롭고 열정이 없는 느낌에서 생동감 있고 매력적인 친절을 경험한다. 동그라미는 네모가 있어 피상적이고 뽐내고 과장적이고 산만함에서 수용적이고 안정적이고 관대한 평온을 맛본다.

동그라미도 네모도 혼자서는 살 수 없다. 동그라미는 동그랗게 있다가 네모에 기대어 쉰다. 네모는 직선으로 있다가 동그라미로 인해 곡선을 이웃한다. 동그라미만 있는 세상은 구르다 멈출 곳이 없다. 네모가 안정적으로 자리하고 있어서 동그라미는 자유롭다.

공을 구르게 하는 것도 멈추게 하는 것도 네모난 운동장이다. 네모는 받쳐주고 믿음직스럽고 참을성이 있다.

동그라미도 크고 작은 동그라미가 있듯이 사람도 크고 작은 동그라미를 닮은 사람들이 있다. 동그라미도 네모도 작은 사람은 서로의 색깔을 뚜렷하게 구분한다. 동그라미도 네모도 보이지 않을 정도로 크면 서로 구분할 수 없다. 동그라미도 네모도 큰 사람은 결국 모든 것을 포용하는 공간을 확보하므로 둘의 구분은 무의미하다.

 땅은 둥글지만 큰 땅은 네모인지 동그란지 알 수 없고 바다도 둥글지만 큰 바다는 평면 같다. 하늘은 둥글게 보이지만 무한히 확장되는 우주에서 하늘은 동그라미에 국한되지 않는 공간을 지닌다. 동그라미도 네모도 크면 비슷해진다.

 다혈질의 사람도 점액질의 사람도 마음이 땅처럼 넓고 하늘처럼 크면 비슷한 사람이 된다. 사람의 크기가 사람의 유형보다 중요한 잣대가 된다.

 마음이 크고 생각의 폭이 넓고 어떤 경험이나 가능성에도 기꺼이 스스로 개방하는 사람은 모두와 소통할 수 있다. 어차피 똑같을 필요도 똑같을 수도 없는 사람들과 마주하며 살아가게 마련이다.

 다를 수밖에 없는 역사와 감성을 지닌 사람들이 둥글든 네모나든 세모나든 별난 모양이든 사람의 크기가 크면 구분이 무슨 소용이 있으랴.

 동글동글 동그라미는 경쾌하고 반듯반듯 네모는 듬직하다. 큰 사람은 동그라미도 되고 네모도 된다. 높은 하늘과 넓은 땅은 서로로 인해 커다란 하나가 된다. 큰 사람은 다르면서 같다.

사물놀이를 배우며

⋮

배우는 것을 좋아하는 동아리에 참여하고 있다. 가끔 자원봉사도 하면서 매주 만나서 관심 있는 분야를 배워왔다. 올해는 동아리에서 사물놀이를 배우기로 했다.

어르신들이 계시는 요양원에 자원봉사를 가다 보니 더욱 즐겁게 해 드리기 위해 어떻게 하는 게 좋을지 궁리를 하다가 모은 마음이다. 그래서 동아리 동료 10여 명이 얼마 전부터 장구를 배운다.

장구의 기본부터 차근히 알아가는 건 또 다른 즐거움이다. 원래 사물이라는 것은 불교의식에 쓰이는 목어, 운판, 법고, 범종을 이르는 말이다.

지금은 장구와 북, 꽹과리와 징으로 이루어지는 농악가락으로 풍물놀이에서 유래를 찾을 수 있다.

농경사회의 두레농악에서 유래한 사물놀이는 차츰 무

대를 잃고 농군을 잃고 신명을 잃어갔다. 근대화의 산물일 수도 있겠고, 일제의 강점에 의해 의도적으로 빼앗긴 것일 수도 있다.

농경사회에서 산업사회로의 진행과정에서 부득이하게 농촌의 쇠락과 운명을 함께 했을 수도 있다.

어쩌면 조선 사람들이 모이는 것을 꺼렸을 일제가 개화의 이름으로 농악을 폄훼하고 신명을 두려워하여 농군들의 따뜻한 가슴을 차갑게 식게 만든 탓도 있으리라.

우리 역사와 역사에서 선택받고 자라온 문화의 값어치를 따져볼 사이도 없이 잔인한 식민지의 백성으로 내몰리고 말았을 것이다.

농악놀이는 우리 민족의 혼이 온전하게 살아 응축된 것이다. 순하고 정직하고 온유하게 하늘과 땅을 섬기며 살아온 농경민족의 얼이 깃들어 있다.

사물놀이를 배우기 위해서는 장구가락부터 익혀야 한다. 장구는 가는 허리를 낭창하게 드러내 겉모습부터 사람의 마음을 풀어 놓게 한다.

장구의 왼편은 두꺼운 쇠가죽이나 흰 말가죽, 또는 개가죽을 써서 저음을 내고, 오른편은 얇은 말가죽이나 노루가죽을 써서 고음을 낸다. 왼편은 손으로 치기도 하여 장구라 한다.

궁굴이채와 대나무채를 쥐고 기본 장단부터 배우는데 이미 몇 년을 함께 해 온 우리 팀의 분위기는 항상 유쾌하다. 사물놀이의 채는 채편의 가운데를 치는데 가끔 가운데를 벗어나 변죽을 울리기도 한다.

실내악의 경우 변죽을 쳐서 작은 소리를 내는 경우도 있으나 지금의 사물놀이나 풍물은 가운데를 쳐서 맑고 경쾌한 리듬을 낸다. 장구의 몸체는 오동나무를 쓰는데 매끈한 곡선이 날렵하다.

장구를 치며 서로의 장단을 맞춰가다 보면 애당초 풍물은 흥이고 멋이었을 뿐 혼자 빼어난 기교를 자랑하는 악기는 아니었다는 생각이 든다. 장구의 기본틀을 채 잡기도 전에 나는 쇠를 치게 되었다.

각자에게 어울리는 악기가 있다는 선생님의 말씀이 알 듯 모를 듯하다. 꽹과리는 상쇠와 부쇠가 있는데, 언니가 상쇠를 맡고 나는 부쇠를 치게 되었다. 꽹과리도 수꽹과리와 암꽹과리가 있어서 서로 주고받고, 밀고 당기고 엉키는 맛이 있다.

꽹과리는 쇠나 매구라고도 하고 농악의 지휘자가 되며 주 가락이 된다. 나는 부쇠가 되어 상쇠와 어우러지며 상쇠를 따라간다.

장구만 칠 때와 쇳소리가 합칠 때의 소리의 맛과 흥은

상당히 다르다. 장구가락만으론 밋밋하던 리듬이 상쇠와 부쇠의 리듬 주고받기가 더해지면 갑자기 생기가 돌며 내재된 무의식에서 흥이 발산된다.

본래 면면히 이어져 온 내력이다. 나는 언젠가 외할머니가 외가 동네에서 장구를 메고 장구를 치면 볼만했다는 말을 떠올린다. 외할머니는 날씬한 몸매에 여성스러움이 가득한 분이었다. 외할머니가 장구를 치는 모습은 상상만으로도 흐뭇하다.

어머니는 동네잔치에 여간해서는 끼지 않아서 어린 마음에 "엄마도 같이 놀아" 하며 안색을 살피다가 속상했던 적이 여러 번 있었다.

그래서 나중에 외할머니가 장구를 치면 멋들어졌다는 말이 바로 믿어지지 않다가 매사에 손끝 여물고 맵시 좋던 외할머니라면 그럴 수도 있겠다고 생각했다.

어머니는 소나무 같았고 외할머니는 꽃나무 같았다. 어머니는 회갑 무렵부터는 기꺼이 놀이에 동참했다.

우리의 농악은 벼농사를 주로 하던 삼남지방에서 활발했고 특히 전라도의 두레농악은 꽹과리 가락과 설장구의 기교가 빼어났다고 한다. 우리의 가락은 서로 함께 맞춰가며 서로의 흥을 북돋아주는 추임새로 흥을 부추기기도 하고 장단을 먹어주거나 엇박을 타서 일탈하고 파격을 주며 해학으로 빛난다. 또한 우리의 가락은 구경꾼도 한통속으로 만들어 소외가 없다.

긴장과 이완의 적절한 배합으로 기, 승, 전, 결로 맺고 푼다. 어느 음악보다 역동적이다.

함께 배우는 동안 우리 공동체는 훨씬 유대감이 돈독해졌다. 심신은 훨씬 조화로워졌다. 학교의 수업 현장에서 장구와 꽹과리를 제대로 두드려보고 느껴보면 좋겠다.

무의식의 대물림마저 미약해지기 전에 우리의 멋과 흥을 찾아 저절로 어깨가 들썩거릴 동참의 어우러짐이 더 많아지길 바란다. 나는 쇠를 두드리며 신명나게 논다.

PART 4

일과 삶

귀를 씻다

:

　말이라고 해서 다 말이 아니다. 말이 되는 말이 있고 말 같지 않은 말도 있다. 바란들 좋은 말과 합리적인 말만 듣고 살 수는 없다. 살다 살다 어찌 된 영문인지 말 같지 않은 말을 소나기처럼 들었다.
　하이데거에 의하면 언어는 존재의 집이다. 말과 말하는 사람과 상황과 맥락이 분리되지 않는다. 말은 그냥 나오는 것이 아니다. 사유가 낱말이 되고 낱말들이 모여 한 사람의 삶이 된다.
　휴직으로 인해 새로운 사람이 들어왔다. 불과 몇 달만 일해야 하는 상황이 안타까워 여러모로 배려해주었다. 그렇게 한 달을 지냈다.
　한 달 후 다른 사람이 다른 직종에 계약직으로 들어왔다. 달포도 되지 않은 이 여성이 새로운 사람의 흉을 보기 시작했다. 일을 도와주고 적응하도록 도와주는 것과 별개로 심리적 거리가 생겼다. 그녀는 친밀한 관계라고 여겼던지 흉보려는 태도를 견지했다. 약자에게 마음이 쓰이지만 더 약자가 있고 더구나 옳지 않은 일에는 동조할 수 없는 성정을 그녀는 알 수 없었나 보다.

갈수록 태산이라더니 그녀는 새로운 사람의 일에 간섭하려 했다. 고유의 업무가 있으니 도울 일이 있을 때 도우면 된다고 했지만 마뜩잖아했다.

그녀는 급기야 내 업무에도 간섭했다. 궁금해서 물어보는 정도를 명백히 넘은 데다 도발적인 말투와 태도까지 꽤 가당찮다.

대학생 멘토링 사업을 간섭하다가 신경이 곤두선 것일까. 그녀는 느닷없이 "선생님, 선생님이 학벌에 엄청 민감한 거 알고 계세요?"라고 묻는다.

질문 자체가 '학벌에 엄청 민감하다'는 것을 전제한다. 학벌에 엄청 민감한 것은 당연하고 너는 그 사실을 알고 있냐고 묻는다.

이는 학벌에 엄청 민감하다는 단정적인 믿음에다가 비난을 더한 이중적이고 비논리적인 질문이다. 그러나 이 질문은 그녀가 학벌에 예민하게 반응한다는 빤한 고백이나 진배없다. 나는 "학벌을 무시하지 않고 성취는 존중한다."

고 했다.

 학벌이 개인의 정체성을 대표할 수 없지만 그렇다고 해서 무시할 만큼 상관없는 정보는 아니다. 학벌은 개인에 대한 수많은 정보 중 하나라는 것을 그녀는 모르는 걸까.

 한번 말을 뱉고 나니 멈출 수 없었는지, 그녀는 한 시간 후에 대학생 멘토들을 대상으로 교육이 예정된 회의실로 찾아와서 항의인지 질문인지 이어갔다.

 관련 없는 업무를 하는 그녀에게 해명할 까닭이 하등 없는데도 불구하고 사업에 대해 재차 설명했다. 그녀는 "선생님, 그런데 K대, 의대 빼고 '지방잡대' 아니에요?"라고 물었다. 굳이 K대가 아니더라도 '지방잡대'라는 인식이 놀랍다. '지방잡대'라는 말을 그녀에게서 교육장인 그 장소에서 대학생들이 도착하기 직전인 그 상황에서 듣다니….

 함부로 말하기 좋아하는 사람들이 지방을 무시하며 하는 말을 아무렇지도 않게 갖다 붙이다니…. 그녀에게 잡스러운 대학은 어디이며 잡스럽지 않은 대학은 또 어디인가. 누가 누구를 잡스럽다 평하는가.

 사업 파트너인 대학생 멘토들이 소속된 학교들도 그녀의 인식에 따르면 '지방잡대'인가. K대학교가 '지방잡대'와 연결되어 나올 아무런 연유가 없는데 난데없이 튀어나온 맥락은 또 무엇이란 말인가.

K대는 그녀가 흉보던 직원이 나온 학교다. K대 출신 직원을 존중하는 이유가 학벌 때문이냐는 항의였을까. 그 학벌도 '지방잡대'에 불과하지 않느냐는 투정이었을까. 그녀는 거기서 멈추지 않고 전혀 다른 직종에 종사하는 직원 두 명에 대해서도 학벌과 자격에 대해 따지듯 캐물었다. 뜬금없이 다른 직원들까지 끌어들여 내가 학벌에 엄청 민감하다는 것을 증명하고 말겠다는 심산인가. "알지 못할뿐더러 4년 동안 물어본 적도 없노라"고 대답했다.

질문 같지 않은 질문에 대답하고 해명하기도 지치거니와 대학생들이 도착할 시간이 되어 일어섰다. 그녀는 신경질적인 말을 남기고 교육장을 나갔다.

사람에 대한 기본적인 존중은 그녀에게 어떤 의미였을까. 잘 대해주면 모든 걸 허락받은 사람처럼 어리광도 부리고 생떼도 쓰고 트집도 잡고 아무렇게나 막무가내로 대해도 되는 줄 알았던가. 친절을 폭주의 허락으로 아는가. 고약했다.

아직 못다 한 말이 남았는지 잠시 후 그녀한테서 문자가 여러 번 왔다. 온전하지 않은 문장으로 인해 도통 무슨 말인지 이해되지 않았다.

그러더니 "끝까지 옹졸하시네요"라고 한다. 불만과 짜증을 무심코 말로 뱉었다가 격랑에 휩쓸려가는 것처럼 감정이 격해져 생각지 않았던 말까지 하고만 걸까. 그렇더라도 '옹졸'이라는 말에 잔뜩 묻어있는 비난과 분노와 짜증은 어떻게 할 것인가.

 전혀 예상하지 못한 뜬금없는 단어며 어투까지 몹시 불쾌하여 "이런 대화 불편해요"라고 답했다. 난데없는 봉변은 그제야 멈췄다.

 학벌을 줄기차게 물고 늘어지던 그녀는 실상 그 '지방잡대'보다 못하다고 알려진 소도시에 있는 대학교를 중퇴했다. 불과 몇 개월을 근무해야 하는 그녀에게 학력에 대해 단 한 번도 문제시하지 않았고 의문시한 적도 없는데 몇 시간 째 무슨 날벼락인가.

 자격이 미진하거나 열등감이 심한 사람에게는 여러 문제가 파생된다.

 예민하게 비교한다거나, 눈치를 지나치게 많이 본다거나, 윗분들에게 잘 보이려고 용을 쓴다거나, 동료를 폄훼하고 흉을 본다거나, 신경질을 많이 낸다거나, 앞에서는 착한 척 순종하면서 뒤에서 맹랑하게 딴짓한다거나 등등 말이다.

 영유아 시기에 엄마와 불안한 애착을 형성한 사람들이 보이는 패턴도 이와 비슷하다. 몹시 불안하다는 것부터 공격한 후에 피해자인 양 구는 것까지 유사하다. 그런 사람은 항상 누군가를 의존하지 않고는 못 배긴다. 묻고 따르고 동조하고 한 편을 이루려 한다.

그들은 의존하기 위해서 불쌍하게 보이는 때가 잦으므로 자칫 그들에게 속을 뿐만 아니라 의존 대상이 되기도 한다. 심리적인 건강 문제는 바로 드러나지 않는 경우가 많다.

하지만 근무를 해야 하는 상황에서는 근무에 합당한 자격을 갖추었는지를 따지는 것만으로도 상당 부분 문제는 예방할 수 있겠다.

율곡은 『격몽요결』《접인接人》에서 '나를 헐뜯고 비난하는 사람이 있거든 반드시 돌이켜 스스로 반성하여 살피고, 만약 나에게 실제로 헐뜯음을 당할 만한 행실이 있거든 스스로 꾸짖고 잘못을 고치는데 주저함이 없어야 하고, 만약 나의 잘못이 아주 작은데 더 보태어 늘려 말했거든, 그 말이 비록 지나치더라도 나는 실로 비방을 받을 만한 근거가 있는 것이니 역시 마땅히 예전의 잘못한 점을 없애버리어 털끝만큼도 남겨두지 말 것이고, 만약 나는 본래 아무 잘못이 없는데도 거짓말을 꾸며서 만든 것이라면 그는 망령된 사람에 지나지 않을 뿐이니 망령된 사람과 어찌 거짓과 진실을 따질 수 있겠는가'라고 하였다.

율곡의 말처럼 내가 반성하든, 그 말들이 망령된 사람의 말이든 둘 중 하나일 터이다. 나는 친절했을지언정 빌미를 제공하지 않았다.

그날 그녀의 말 중 합리적이고 보편타당한 말은 한마디도 없었다. 그녀는 아무 일도 없었던 사람처럼 태연한데 그 말들을 들은 나는 마음이 언짢았다.

이치에 맞지 않을뿐더러 험한 소리를 들으면 귀를 씻었던 선비의 마음이 이럴까. 귀를 씻는다고 해서 그 말들이 애당초 없던 말이 될까마는 오염된 귀를 정화하듯 의도적으로 귀를 씻는다.

귀를 씻어서 그 말들이 사라진다면 열 번이라도 씻겠다.

밥값

⋮

 살아있는 모든 존재는 먹어야 한다. 풀잎은 아침이슬을 먹고 나무는 햇볕과 물을 먹고 다람쥐는 도토리를 돼지는 무엇이든 주는 대로 먹는다. 사람이 먹는 일은 실로 복잡하고 광범위하다. 인류에게 가장 오래된 숙제 중의 하나는 먹고사는 문제이다.
 누가 무얼 어떻게 얼마만큼 먹을 것이며 그의 밥이 정당하게 분배되었는가와 그가 밥을 위해 얼마만큼 의무를 지니는가의 문제는 역사 이래 유구하다.
 중학생이었을 때 어느 선생님이 결코 가볍지 않은 질문을 던졌다. 사람 사는 세상에서 가장 오래되고 가장 난해한 질문 중 하나라고 여겨지는 '먹으려고 사느냐, 살려고 먹느냐'는 양자택일의 질문이었다. 당연히 '살려고 먹는다'라고 하려다가 '먹으려고 사는' 건지도 모른다는 회의에 빠졌다.

그리고 오랫동안 사는 것과 먹는 것의 관계는 결코 가볍지 않고 결코 쉽지 않은 화두로 남게 되었다.

밥은 신성한 가치를 지닌다. 생명이 있는 존재는 먹어야 사므로 어떤 상황에서도 먹기를 그만두는 것은 극히 어렵다. 갓난아이도 양식을 먹고, 잇몸만 남은 노인도 음식을 먹어야 하고, 부모를 잃은 상주가 되어서도 혹은 자식으로 인해 고해를 헤매도 어느 순간에 숟가락을 들고 국물 몇 모금이라도 넘기게 마련이다.

맑은 물에 한 숟가락의 밥을 말아 몇 모금을 넘기더라도 밥보다 눈물을 더 많이 삼키더라도 끼니를 여러 번 외면하기 어려운 게 사람 사는 일이다.

밥을 먹는 사람은 밥값을 요구받는다. 남이 해 준 밥을 사 먹는 경우는 말할 것도 없거니와 가족이 해 준 밥이라고 하더라도 거저먹는 밥은 없다.

어린아이는 해맑은 웃음으로 밥값을 지불하고, 노인은 인자한 미소로, 개구쟁이는 씩씩한 웃음으로, 무뚝뚝한 어른도 그 자리를 지켜주는 무던함으로 밥값을 한다.

밥이 어디서 오는지 미처 다 알지 못할지라도 어떤 식으로든 밥값을 하고 살려는 마음은 인지상정이다.

개개인의 밥값은 그 주변인들에게 외상으로 남길 수도

있고 탕감받을 수도 있고 때로는 값비싸게 치를 수도 있지만, 공적인 영역에서의 밥값은 미룰 수도 탕감 받을 수도 빚으로 남길 수도 없는 것이 엄연한 이치다.

기억이 명확한지는 시간이 더해갈수록 자신이 없지만 예닐곱 살이 넘어가며 마당을 쓸었고 초등학생이 되면서 논밭에 거름 내는 일을 거들었다. 세숫대야 같은 자그마한 용기에 거름을 담아 머리에 이고 엄마와 언니 뒤를 따랐던 영상이 남아있다.

열 살이던 오월 어린이날에 집에서는 놉을 사 멀리 떨어진 산에서 생나무를 베었고, 그날 친구 집에서 TV를 보다가 불려가길 두어 번 했다.

어린이날 잔치가 한참 신나게 펼쳐지는 TV에서 눈을 뗄 수 없는데 언니에게 불려갔기에 너무나 속상했던 기억이 또렷하게 남았으니 여덟 살의 영상도 거의 확실하리라.

농촌에 살면서 농사를 돕고 거드는 일은 다반사이지만 아버지가 지병을 앓았음에도 논밭은 적지 않았기에 어린 시절에도 일손이 될 수밖에 없었다. 일찍 일에 익숙해진 손마디는 거칠어졌고 꿈은 자꾸만 멀리 달아났다.

농사일에는 농사일대로 학생일 때는 학생의 본분대로 사회에서 돈을 벌 때는 또 그대로 밥값을 하고 밥을 먹었다. 아이들을 키우고 며느리 노릇, 딸 역할을 하며 개인적인 삶에서 공밥을 먹고살았다는 느낌은 없다. 공적인 영역에서의 삶은 고향 근방에서 살며 어린 날들과의 연장선에서 명예와 도덕성을 의식하며 살았다는 정도다.

살아가는 동안 가장 하고픈 일은 공부를 더하는 것이지만, 사회적 역할보다 공부에 몰두하고자 하는 나의 태도는 늘 지지받지도 환영받을 수만도 없었다. 공부가 끝난 것은 아니지만 사회에서 일정 부분 역할을 맡기로 하여 취직이 되었다.

IMF체제 이후 신자유주의가 지배하더니 어느 영역이든 계약직이 횡행한다. 공적인 영역에도 계약직이 넘쳐나고 1년 혹은 그 1년도 못 되는 자리조차도 사람들이 밥값을 벌기 위해 몰려든다.

농경사회에서도 한 해 농사로 밥값을 벌었다. 그 땅이야 영원토록 버텨주는 것이었으므로 다음 해를 기약할 수 있다. 신유목민의 시대에서 한 해의 밥값을 벌기 위해 떠도는 유랑민들은 어디든 붙들려고 안간힘이다.

젊은이들에게 취직은 가혹한 리트머스 시험지인지도 모르겠다. 양질의 일자리는 경쟁이 치열하다. 계약직은 곳곳에 산재해 있으며 중년의 일꾼들과도 끝나지 않을 것 같은 자리 경쟁이 치열하다.

그리하여 어떤 수단과 방법을 동원하더라도 1년의 밥벌

이를 보장받아야 한다는 절박함이 삶의 가장 중요한 준칙으로 작동되었는지는 알 수 없다.

상식이 작동했다면 그는 지원 조건이 아니므로 지원할 수 없다. 지원했더라도 서류 미비로 접수가 불가하다. 설령 접수되었더라도 검토 단계에서 탈락이 맞다. 모든 게 허술하게 지나갔다. 게다가 한술 더 떠 서류점수가 다른 지원자들에 비해 월등히 높다. 어찌 된 영문인지 알 수 없다.

어떤 내막인지 모르지만, 그는 면접을 보고 가장 뛰어난 점수로 합격했다. 와중에 공인자격을 넉넉히 갖춘 경쟁자를 떨어뜨리는 기염을 부렸다.

기관의 신뢰는 그것만으로도 충분히 금이 가고 남는다. 전공조차 완전히 다른 그가 4년의 전공과 공인자격을 취득해야 가능한 전문적인 업무를 수행할 수 있는가. ABC를 배우는 단계인데 독해를 하는 척한다. 눈치는 모든 것을 상쇄할 만하다.

어떻게 하든 밥을 버는 일은 그의 생존 본능이리라. 그 생존본능은 너무도 당당하다. 너무 당당하여 도덕과 양심이 관여할 틈을 주지 않게 되었는지 알 수 없다.

계약직의 범람 앞에서 젊은이들의 모래시계를 떠올려본다. 그들의 아픔을 모르는 것은 아니지만 이 젊은이의 가치관은 무척 낯설다.

한해살이 식물처럼 뿌리를 내렸다가 수없이 옮겨지며 튼튼한 뿌리를 내리지 못하는 신유목민의 시대이기에 계약직의 부작용에 대한 공적인 논의는 제기될 수밖에 없을 것이다.

밥은 기본 욕구이지만 수단과 방법을 가리지 않고 밥을 취하는 것은 사회적 문제를 야기할 수밖에 없다. 어디 이런 일이 이 젊은이 하나에 한정되는 것일까. 그러한 사정을 짐작한다손 치더라도 정의롭지 못한 것을 지켜보는 것은 내겐 곤혹스러운 일이다.

역시 밥값은 만만치 않은 지불을 요한다. 전혀 엉뚱한 곳에서 전혀 상상한 적 없는 일을 바라보는 것도 밥값의 일부다.

살아 있는 모든 존재는 먹는다. 풀잎도 먹고 갈매기도 먹고 고라니도 먹지만 오직 사람만이 밥의 분배와 밥의 대가에 대해 숙고를 요구받는다.

사람의 밥에는 공짜가 없다. 밥에는 밥값이 있다.

나르시시스트에 대하여

⋮

 나르시시스트가 꽤 있다. 나르시시스트는 자신이 잘난 줄 안다. 그들의 외모와 웃음은 매력적이다. 나르시시스트는 외모를 중시하고 이미지에 집착한다.
 보여지는 이미지가 무엇보다 중요한데다 자기상이 과잉되어 있기에 누구보다 깔끔하고 세련되었으며 잘 웃는다. 매력적이어야 타인의 마음을 가지고 놀 수 있다. 착한 이미지와 세련된 외모가 이들 무기이니 나르시시스트는 언뜻 좋은 사람처럼 보인다.
 누구나 자기애는 가지고 있기 때문에 건강한 자기애와 나르시시스트를 변별하기란 결코 쉽지 않다. 의아한 상황이 몇 차례 반복되고 나서야 나르시시스트의 실체에 접근할 수 있을 뿐이다. 나르시시스트에 대한 지식이 부족하거나 경험치가 적으면 옆에 있는 나르시시스트를 알아보기조차 쉽지 않다.

대상관계 심리학의 대가인 코헛^{Kohut}은 '유아기의 웅대한 자기상에 대한 좌절 경험이 없거나 또는 좌절 경험이 너무 심하면 자기애성 성격장애로 발전할 수 있다'고 하였다.

나르시시스트는 자신의 재능을 과장되게 인식한다. 뒷받침할 만한 성취가 없음에도 자신이 훌륭한 줄 안다.

관련 자격이 하나도 없으면서도 남의 자리를 탐내는가 하면, 가당찮게 자신이 전문가인 양 행세한다. 어느 자리를 가고자 하면 거듭 청탁하는 것이 어렵지 않다. 자기 자신을 청탁하는 사람 치고 나르시시스트가 아닌 사람이 드물다.

자신이 원하는 지위를 갖기 위해서라면 무슨 일이라도 하겠다는 강력한 의지를 지닌 사람들이다. 그들은 지위를 가진 사람만 잘 구슬리면 뭐든 가능하다고 믿는다.

여태 통했으니까 그렇겠지만…. 자신의 재능이 부족하다는 생각은 애초에 없다.

나르시시스트는 자신을 방해한다고 생각되는 사람을 가만두지 않는다. 어떻게 하면 상대의 흠을 잡아서 공격할까를 연구하고 상대를 공격하는 기술도 꽤 능하다. 자신을 방해했다고 여기면 무서운 집착력으로 상황을 반전시키려고 한다.

어떤 나르시시스트는 침묵하고, 어떤 나르시시스트는 관련된 많은 사람을 동원하여 반격한다.

 나르시시스트는 꽤 괜찮은 사람들과의 친분을 과시한다. 얼마나 친분이 있는지는 잘 모르나, 그들이 거론하는 사람들을 보면 무시할 수도 없다. 나르시시스트는 자신의 재능을 과장되게 인식하기에 공정한 경쟁을 통해 정상적인 방법으로 자리에 오르기보다 주로 아는 사람을 통해 자리를 얻고자 한다. 우월하다고 인정되는 사람들이 자신을 보증하듯 그 무리에 들고자 애쓴다.

 나르시시스트는 사람 다루는 재간이 특출하다. 나르시시스트는 지위와 권력을 가진 사람에게 정성을 다한다. 그들처럼 되고 싶고. 그들처럼 힘을 갖고 그 힘으로 다른 사람들을 통제하고 지배하고 싶은 욕구가 누구보다 크다.

 나르시시스트는 자신이 모든 상황을 주도하고 통제하고자 한다. 나르시시스트는 힘의 논리, 즉 지배와 피지배 구조가 중요한 사람들이다.

 정작 본인은 일을 잘하지 못하면서 문제가 생기면 남을 탓한다. 상대방을 변덕쟁이로 만들고 본인은 아무렇지 않게 빠져나가는 것 정도는 식은 죽 먹기다. 자신이 저지른 수많은 불법과 탈법과 잘못은 부인하고 남 탓한다.

 그들은 자신의 행동을 객관적으로 보는 지각이 발달하

지 않았다. 그리하여 다른 사람들에게 문제가 있는 양 책임을 전가한다.

자신의 선의를 강조하고 상황을 교묘하게 바꾸려고 한다. 영악한 거짓말을 잘하는 나르시시스트도 있다. 나르시시스트의 스펙트럼이 다양하여 모든 나르시시스트가 같은 양상을 띠는 것은 아니다.

그러나 자신에 대한 비논리적인 합리화와 교묘한 남 탓은 공통적이다. 남 탓할 때의 언행은 교묘하여 논리적이고 합리적인 사람이 들으면 어이가 없고 기가 막힌다.

나르시시스트는 거만하고 방자하다. 자신의 중요성에 대해 과장된 자각을 하고 있기 때문에 웬만한 사람은 자신보다 못하다고 생각한다. 뛰어난 사람에게는 잘 보이고 싶고, 별 볼 일 없다고 여기는 사람에게는 방자하게 군다.

그들은 동료를 하찮은 존재로 무시한다. 지적 능력이 높지 않고 통찰이 되지 않는 나르시시스트는 유치하다. 자신 뜻대로 되지 않으면 어린아이처럼 유치한 분노를 드러내고, 유치한 복수도 계획한다.

미성숙한 자아를 가지고 있으면서도 스스로를 대단하게 여기기 때문에 어떤 상황에서는 다른 세상에 있는 사람처럼 보인다.

자신의 중요성에 대한 과장된 지각을 갖고 있으며(뒷받

침할 만한 성취가 없으면서도 우월한 존재로 인정되기를 기대함), 성공과 권력과 탁월함에 집착하는 것, 특별하거나 상류층의 사람들과 어울리려고 하는 것, 특권 의식을 갖는 것(특별대우를 받을 만한 이유가 없는데도 특별대우를 기대함), 대인관계가 착취적이고(자기 자신의 목적을 위해 타인을 이용하는 것), 타인을 질투하거나 타인들이 자신을 질투하고 있다고 믿는 것, 거만하고 방자한 행동이나 태도를 보이는 것, 공감능력의 결여(그저 잘 어울리고 맞장구를 잘 친다고 하여 공감능력이 뛰어난 것은 아니다. 상대방의 고통에 대해 전혀 공감하지 못한다) 등에서 5가지 이상 해당하면 DSM-5의 자기애성 성격장애의 진단 조건을 충족한다.

나르시시스트는 스펙트럼이 넓지만 장애에 해당하는 자기애성 성격장애는 1%가량 존재한다. 진단을 받은 사람 중에 그러하다. 실제로는 몇 배 많이 존재한다. 그들은 자신이 문제없다고 생각하기에 여간해서는 병원에 가지 않는다. 다만 주변 사람들이 그들로 인해 고통스럽다.

자기애성 성격장애를 가진 사람에게 이용당하지 않으려면 옳고 그름을 구별하는 지혜가 필요하다. 어느 정도의 의심과 경계는 건강하며 반드시 필요한 사회 덕목이다.

너무 순진하게 다 믿는 것은 자신을 먹잇감으로, 나르시시스트가 활용할 수단으로 내어주는 꼴이다.

그들의 이익에 부합하여 부조하지 않으려면 행위의 의도를 파악하는 안목이 필요하다. 경우에 어긋나는 요구를 한다면 일단 관계를 멈춰야 한다. 할 수만 있다면 단호하게 거절해야 한다. 작은 것 하나를 들어주다 보면 나중에는 터무니없는 것도 들어주고 있을 가능성이 높다.

지나치게 매력적으로 웃으며 잘해준다면 마냥 좋아할 일이 아니다. 영향력을 미칠 위치에 있거나 책임 있는 자리에 있는 사람은 그들의 접근을 경계해야 한다. 다 믿다가는 가스라이팅을 당하고도 당한 줄 모른다. 그런 이들이 어디 한둘이랴.

시간이 흐르고 그들에게 여러 문제가 불거지면 그들은 변명을 한다. 그러나 그 변명에는 논리가 없다. 말이 앞뒤가 안 맞고 이치에 어긋난다. 나르시시스트는 감정에 호소하며 얼렁뚱땅 넘어가려고 하거나 침묵으로 뭉갠다. 논리적으로 사안을 설명하지 못한다.

나르시시스트는 웬만해서는 '미안하다'거나 '잘못했다'는 말을 하지 않는다. 자기 잘못이라는 생각조차 없다. 나르시시스트는 잘못이 드러났을 때 수치심을 느낄지언정 죄책감은 느끼지 못한다. 혹여 사과를 할 때조차 상황을 모면하기 위한 일시적인 방편일 뿐, 진심이 아니다.

그들은 죄책감을 느끼지 못하는 사람들이기 때문이다. 지독한 나르시시스트는 그런 고약한 사람들이다. 피하는 게 상책이고 안 만나는 게 상책이다.

성공에 대한 열망은 가득한데 준비는 안 되어 있으며, 속은 텅텅 비었는데 겉모습만 화려하게 허세를 부리는 자기애성 성격장애. 욕심은 많은데 합법적인 절차를 무시하거나 편법을 아무렇지도 않게 여기는 사람들.

그들은 사회적인 약속이나 도덕 규칙이 자신을 제어할 수 없다고 생각한다. 자신은 특별하니까. 법도 자신을 제약할 수 없다고 믿는 것 같다.

최근 들어 나르시시스트에 대한 연구들이 많이 나오고 있다. 자기애성 성격장애를 가진 사람들이 사회에 주변에 많고, 그로 인해 괴로운 사람들이 많아졌다는 반증이다.

나도 공주병, 왕자병 정도로 알고 있다가 나르시시스트가 내 인생 전체에서 몇 명이 있었다는 자각이 들었다. 일가친척 중에서도 있었고, 동료 중에서도 있었고(오래 못 알아보았다), 직장에도 있다(없을 리가 있나).

경험한 몇 사람의 공통점을 보고, 책을 여러 권 읽고, 자료를 찾아보니 나르시시스트에 대해 조금은 알겠다. 나르시시스트와 문제 상황이 되었을 때, 상식과 동떨어진 난감한 사람들이라는 판단이 들었다.

애초에 엮이지 않아야 하는데, 처음에는 구별하기가 쉽지 않다. 섣불리 다 믿지 말고, 경계선을 넘지 않도록 하고, 권리를 침해하지 않도록 하고, 비논리적이거나 객관성이 너무 적은 사람에게 곁을 내주지 않아야 한다.

불편한 경험이지만 나르시시스트 몇 명을 겪어본 결과, 최소한 나르시시스트를 더 빨리 알아챌 수 있을 것 같다. 더는 근처조차 허용하지 않으리라.

사랑스러운 고양이 한 마리 키우실래요?

⋮

주인님, 여기 아주 사랑스러운 고양이 한 마리가 있어요. 저는 그냥 고양이가 아니에요. 아시죠? 저 같은 고양이는 여태 본 적이 없으시잖아요. 이렇게 반짝반짝 눈을 깜빡이는 고양이는 처음이죠? 해맑고 사랑스럽게 바라보는걸요.

주인님처럼 따뜻하고 능력도 뛰어나고 권력도 있으신 분이 저를 곁에 두면 얼마나 좋을까요? 저를 데려가 곁에 두시면 늘 가장 가까운 거리에서 가장 해맑게 웃어 드릴 거예요.

항상 감탄과 찬사도 듣고 싶으신 만큼 실컷 해드릴 거거든요. 그러니 주인님, 저를 데려가세요.

저는 사랑스러운 고양이잖아요. 사랑받고 예쁨 받고 인정받아야죠. 그런데 이렇게 예쁜 저를 마냥 예뻐하지 않더라고요. 아무리 공부를 좀 못 하더라도, 일을 좀 못 하더라도 예쁜 건 예쁜 거죠. 힘들고 어려운 건 몰라요.

힘든 일은 다른 못생긴 고양이나 하라고 하죠 뭐. 아! 제가 누구보다 잘할 수 있는 게 있어요. 제가 얼마나 맨드리하게 꾸미는 것을 잘하는데요. 정말 그럴듯하다니까요. 꾸미는 것은 자신 있어요. 외모를 다듬고 천진하게 웃고 눈을 예쁘게 깜빡이는 것은 제가 최고일 거예요.

겉모습으로는 누가 알겠어요? 누가 무얼 하는지. 사는 재주는 다 다르잖아요. 바보같이 숨차게 쥐를 쫓아다니며 고양이로서의 삶을 사는 멍청이들이 있잖아요. 저는 그렇게 안 해요. 어차피 한번 사는 인생인데 뭣 하려고 힘들게 살아요? 멋지고 능력 있고 힘을 가진 주인님을 만나면 일사천리인데요.

다른 건 모르겠어요. 어려워요. 잘 된 게 없었거든요. 능력 있는 주인님을 만나서 반짝반짝 바라보며 웃어드리고 칭찬해드리고, 찬탄하며 감탄해 드릴게요. 주인님은 그걸 누리면 되는 거죠. 어떤 느낌인지 아시죠? 어떠세요? 사랑스러운 고양이 한 마리 키우지 않으실래요?

주인님은 오로지 제 말만 들으시고 저만 봐주셔야 해요. 충성스럽게 주인님만 바라보는 저의 기대를 저버리면 안 돼요. 저는 주인님이 없으면 하루도 살 수 없는 화신인 걸요.

주인님은 건륭제 같은 위대한 황제잖아요. 주인님은 저한테 부모님보다 더 큰 은혜를 베풀어주셨어요. 폼나는 일은 하고 싶은데 어림도 없더라고요. 일을 해보려고 갔는데, 시험을 보지 뭐예요. 글쎄, 제가 시험에 트라우마가 있거든요. 그 벽은 여태 한 번도 넘어 본 적이 없어요.

그래서 엄청 하고 싶던 일을 못 하게 되었는데, 우리 주인님이 저를 위해 자리를 만들어주셨잖아요. 주인님이 앉혀준 자리는 제 힘으로는 어림없는 자리였죠.

멋진 주인님 곁에서 오른팔 고양이가 되었으니, 저는 이제 행복할 일만 남았지 뭐예요. 여기가 천국이지 천국이 따로 있겠어요. 주인님 곁이 천국인걸요.

그토록 바라던 주인님을 만났으니 이제 제 세상이 온 거예요. 명망 있겠다, 인정 있겠다, 권력도 있겠다, 게다가 제가 드리는 감탄을 즐기시니 이보다 더 좋은 주인님이 세상 어디에 있겠어요? 두 번 다시 이런 귀한 주인님을 만날 가능성은 없겠죠?

고양이 나이 오십이면 반짝반짝 눈을 깜박여도 예전처럼 귀엽지는 못할 거잖아요. 아! 피부과에는 정기적으로 다녀요. 꾸미는 것은 제 특기잖아요.

정년이 되려면 아직 십 년이 남았으니 적어도 그때까지는 주인님의 명성에 누가 되지 않게 아름답게 꾸미고 다닐

게요. 제 매력을 아시잖아요. 얼마나 저를 예뻐해 주시는지 다 아는걸요.

살다 보니 별일이 다 있죠? 바보같이 일하는 고양이들 때문에 스트레스 엄청 받아요. 답답하고 융통성 없는 고양이들이 창피해서 죽겠어요. 어처구니없잖아요. 주인님의 오른팔을 몰라보고. 나처럼 주인님 마음을 편하게 해주는 것이 진짜 중요한 일이 아닌가요?

주인님을 웃게 만드는 것보다 더 잘한 일이 어디 있다고. 저 어리석은 고양이들이 남의 생선을 훔쳐 먹으면 안 된다나, 정직해야 한다나 뭐라나 짜증 나게 해요. 먹고 싶으면 기분 좋게 먹는 게 중요하지. 뭐가 중요해요. 어차피 주인님 거잖아요.

주인님은 다 알고 계셨을걸요? 모를 리 없잖아요. 이왕 먹을 거, 미리 당겨 먹고, 몰래 가져다 먹고, 여럿이 나눠 먹고, 웃고 떠들며 먹고, 뒤로 빼돌려 먹고 그러는 거죠. 어쨌든 이왕 먹을 거, 즐겁게 먹었다는 게 중요한 거잖아요.

주인님, 제가 잘못한 게 있다는 말을 또 들으셨죠? 남들이 하는 말은 절대 들으면 안 돼요. 그들이 얼마나 나쁘고 형편없는 고양이들이게요. 볼품없는 고양이들 말 따위는 듣지 마세요.

예전에도 몇 번 말들이 오갔지만 주인님은 그때마다 제

말을 들어주고 제 편을 들어줬잖아요. 제가 얼마나 반성하고 있는 줄 아시죠? 보셨잖아요. 아시잖아요. 남들한테 "고개도 못 들고 반성하고 있잖느냐"며 역성 들어주셨잖아요.

이번에는 좀 커요. 글쎄 잠도 잘 못 자고 살이 빠진 것 보세요. 외모를 천하만큼 귀하게 여기는 제가 살이 찔 리도 없지만, 요새는 반성하느라 그나마 살이 더 빠졌어요. 보세요. 이렇게 홀쭉해진 저를.

주인님, 저는 주인님이 돌봐주지 않으면 살 수 없나 봐요. 주인님이 아니었으면 이번에는 여지없이 초라한 고양이로 돌아갈 뻔 했지 뭐예요. 어떻게 들어온 자리인데, 그깟 나쁜 고양이들 때문에 제가 나가겠어요?

아직 주인님의 온기가 남아있는 이곳에서…. 비록 지금은 정년퇴직을 하셔서 제 곁에 없지만 아직 제 곁을 떠나신 게 아니잖아요. 주인님이 현직에 안 계신다고 힘까지 없는 것은 아니잖아요. 아직 주인님 말이라면 듣는 고양이들이 여기저기 있다는 것쯤은 제가 충분히 아는걸요.

저를 거둬주신 것처럼 끝까지 저를 지켜줘야죠. 저 흉악한 무리들로부터. 글쎄, 제가 무슨 공금 횡령을 했다나, 회계부정을 저질렀다나, 다 모함인 것 아시죠? 새 주인이 좀 그렇잖아요. 무슨 느낌인지 아시죠? 아, 제가 잘했다는 건 아니에요. 제가 좀 바보 같잖아요. 제가 좀 실수를 할 수는 있잖아요.

주인님 믿고 저는 여전히 웃으며 지내요. 웃는 얼굴에 침 못 뱉는 게 인지상정이잖아요. 어쩌겠어요. 아무런 일도 없던 것처럼 살아야죠. 사실 아무렇지 않아요.

그들이 나쁜 거죠. 옳고 그름을 말하는 답답한 고양이들이 문제죠. 제가 얼마나 예쁜 고양이인지 모르는 나쁜 고양이들이에요. 그래서 가끔 흘겨주곤 해요.

제가 얼마나 정성을 다해 주인님을 골랐는지 모르시죠. 제가 '팥으로 메주를 쑨다'고 해도 믿어줄 정도는 되어야 제 주인님이시죠. 제가 사람 마음 저울질하는 데는 선수거든요. 제 모든 감각은 상대방을 떠보는 데 사용할 수 있어요. 손가락 끝으로 살짝 건드려보고 밀리는 정도를 가늠하여 손가락 끝에 힘을 더 주거나 빼요.

문이 아주 조금이라도 열리면 얼른 발끝을 집어넣어요. 문을 닫지 못하도록. 그래도 문이 활짝 열리지 않으면 발을 더 내밀어요. 물론 발끝을 허락하면 문은 이미 활짝 열린 셈이죠.

조금이라도 밀리면 활짝 열리는 데까지는 금방이에요. 우리 주인님은 저를 온전히 다 받아주었죠. 흡사 큰자식처럼. 흡사 막냇동생처럼. 흡사 순진하고 귀여운 조카처럼.

주인님, 앞으로도 저의 반짝이는 눈망울을 예쁘게 보아

주셔야 해요. 저는 주인님을 찬양할 테니. 아름다운 감탄과 찬사를 아직 더 들으셔야죠. 아름답잖아요. 저는 그런 아름다운 말을 하는 아름다운 고양이인걸요. 어떻게든 반짝반짝 눈망울로 깜박깜박하고 있을게요.

　마키아벨리즘? 그런 거 몰라요. 제가 주인님을 사랑하는 게 중요하죠. 그렇잖아요. 다 아시면서….

정언正言

∶

하이데거는 '언어는 존재의 집'이라고 하였다. 존재가 하는 말이 존재를 증명한다. 우리는 다른 사람이 하는 말과 행동을 보고 그 사람을 안다. 행동은 언어로 나타내지 않은 표현이고 말은 언어로 나타나는 표현이다.

행동은 찰나의 순간 사라지거나 시간이 흐르면 흐릿해지지만 말은 아주 오래 남는다. 말과 존재를 따로 떼어놓을 수 없다.

언어는 명료한 것이다. 공자는 말을 바로잡는 정언正言을 중요하게 여겼다. 언어는 개념을 담고 있다. 개념은 쉽사리 변하지 않고 변할 수 없다. 새로운 개념을 담으려면 새로운 언어가 생성되어야 한다.

기존의 언어는 그 언어가 내포하는 개념을 담은 채 독립적으로 존재한다. 언어는 각각 존재하며 그 의미를 내포하고 드러낸다.

　언어는 바르게 쓰여야 한다. 어떤 일의 어미에 사건이라고 하는지, 사태라고 쓰는지, 운동이라고 부르는지, 저항이라고 기록하는지에 따라 시각이 달라진다. 이름이 규정하기 때문이다. 이름을 왜곡한다는 것은 그 존재를 비틀어서 본디의 모습과 다르게 훼손하는 일이다.

　이름을 어떻게 붙이는가에 따라 관점이 아주 달라지는 것을 본다. 네이밍 효과다. 어떻게 바라보라고 각도와 프레임을 짜주는 것이 이름 붙이기다. 역사와 사회에서 자주 보는 프레임이다.

　어버이연합은 어버이의 이름을 오염시켰다. 어버이라는 이름을 비틀고 늘리고 줄여서 괴상한 느낌을 주고 결국 어버이라는 이름을 거침없이 훼손한다.

　엄마라는 말에는 살림과 생명과 모성이 돌쩌귀機軸 역할을 한다. 그러나 엄마부대봉사단은 엄마라는 말에 모짊과 권력자에 대한 충성을 덧입힘으로써 그 말을 오염시켰다.

　민주라는 말은 엉뚱하게 오염되어 낯설게 쓰인다. 남는 장사였던 빨갱이는 아직 시장바닥에 굴러다닌다. 이미 빛바랜 남루한 빨갱이를 아직 사는 사람이 있는 게다.

　권력자에 대한 맹목적인 추앙은 애국으로 포장되어 휘날린다. 경제적 가치는 무한경쟁을 진리로 여겨 경쟁에서 이기는 자가 독식하는 것을 당연시한다.

　포식자가 폭식하는 것을 성공신화로 우러러본다. 정신적인 가치는 이로울 것이 없다는 듯 경제를 앞세운 사람들이 TV를 점령하고 통신매체에 그들의 사상을 도배한다.

　맹자가 맨 처음 한 말인 '하필 이로움을 말합니까^{何必曰利}'는 아직 유효하다. 이로움과 선함은 동시에 추구할 수 없다. 이로움을 먼저 말하는 사람들은 예나 지금이나 선할 수 없다. 의로움보다 이로움을 따지는 시대에서 정신석 가치의 오염은 불가피한지도 모른다.

　인쇄술의 발명이 지식의 세계를 확장하는데 기여했다면, TV의 전파는 언어의 겉모습을 아름답게 치장한 채 사방으로 퍼트렸다.

　자본주의의 꽃이라는 광고는 타인의 욕망으로 사람들의 욕망을 이끈다. 그들은 그들이 보여주는 사물을 소비하는 것이 정석인 양 유도한다. 그들의 치장술은 아주 뛰어나고 나날이 세련된 가면을 쓰고 나타나므로 개념들이 파괴되어 간다는 것을 몇몇 사람들이 감지할 때는 이미 대다수의 의식이 점령당한 후다.

　산업화의 가장 세련된 얼굴인 TV와 핸드폰은 시장에서 구매할 수 있는 경제적인 능력을 최고의 가치로 여김으로 그들이 추구하는 가치 전파에 여념이 없다.

사회연결망이라는 SNS(Social Networking Service)는 집단지성의 가치를 구현하기도 전에 낙서를 손안으로 옮겨와 침실을 거실을 책상을 침범한다.

잘 산다는 것은 정신적인 잘삶보다 경제적인 잘삶으로, 개인적인 단위의 잘삶보다 사회에서 부러움의 대상이 되는 잘삶으로 바뀌었다.

언어를 아름답게 포장하려는 것도 말의 오염에 해당된다. 21세기의 악마는 경제의 옷을 입고 있으므로 화려한 겉치장과 아름다운 언어로 꾸민다. 아름다운 말은 누구나 듣기 좋아하지만 공자도 맹자도 주자도 율곡도 교언(巧言)을 싫어하였다.

그들이 아리따운 말을 단순히 경계함에 머무르지 않고 적극적으로 미워하고 배척한 것은 교언의 해로움이 만만치 않다는 것을 간파한 까닭이다. 정의가 훼손된 사회에서의 듣기 좋은 아름다운 말은 교만과 거만과 잇속에 다름 아니다.

교언은 장사치의 말이며, 무책임한 정치인의 말이며, 곡학아세(曲學阿世)하는 지식인의 말이며, 단순무지한 권력 추종자의 말이며, 맹목적인 추앙의 말이며, 주고받는 거래의 말이며, 이득을 취하겠다는 말이며, 좋은 게 좋으니 진실은 어찌 되었건 모르는 척하자는 말이다.

말은 아름다운 표현에 가치가 있는 것이 아니라 본디 의미에 맞게 사용함에 가치가 있다. 예쁜 말이 좋은 말이 아니라 언어의 의미를 바르게 쓰는 말이 좋은 말이다.

공자가 교언영색巧言令色을 싫어하고 강의목눌剛毅木訥이 인仁의 본질에 가깝다고 한 뜻이 예에 있다.

지금은 본디 언어의 개념을 바르게 씀으로써 언어가 깃드는 존재의 집을 보존할 때이다.

농담이란

⋮

　예쁜 말은 누구나 좋아한다. 천진한 어린아이도 좋아하고 시큰둥한 사람도 좋아하고 까칠한 학생도 좋아한다. 예쁜 말은 부드럽다. 노크하고 부드럽게 한 마디 건네는 것 같다. 존중받는 느낌이다.
　거칠게 발칵 문을 열어젖히고 쏟아놓지 않는다. 안전하다. 예쁜 말은 예기치 않은 불쾌감을 주지 않는다. 그리하여 만남이 편안하다. 즐거움이 파동으로 전해진다. 덩달아 웃음이 번진다. 예쁜 말은 꽃처럼 향기를 뿜고 따뜻한 볕처럼 포근하다.
　예쁜 말을 하고 예쁜 말을 듣고 살면 좋으련만 그런 행운이 늘 함께 하는 것은 아니다. 직장을 다니니 어쩔 수 없이 엮이는 관계들이 있고, 살아오며 맺은 인연들이 늘 아름다웠던 것이 아닌 까닭이다.

고해성사라도 하자면, 현명하게 처신하지 못한 순간들이 낳은 결과물이다. 나와 하등 상관없는 사람들이 하는 말까지 내가 어찌할 수는 없다. 교류가 있었다면 상관없는 척할 수 없다. '또 엮이지 않아도 될 사람과 섣불리 엮였구나!' 깊은 후회가 남는다.

언제부터인가 낭만주의자가 아니란 것을 느낀다. 나이가 들어서인가. 직장생활을 제법 한 나머지 깨달음인가. 마냥 성선설을 신봉하지도 않는다. 무턱대고 타인의 선의에 기대지 않는다.

내가 할 일을 하고, 해도 그만 안 해도 그만인 이야기로 가벼운 인사를 나누고, 도울 수 있는 일은 돕는다. 나름의 평화주의자로서의 행보다. 다양한 사람들과 만나고 일하면서 굳이 타인이 하는 말의 숨은 의도까지 파악하려고 하지 않는다.

그렇게 한가하지 않거니와 공과 사의 경계를 넘지 않는다.

그러나 경계를 모르는 사람들이 있다. 선을 넘고도 넘은 줄 모르는 사람들. 나와 타인의 경계가 없거나 흐릿하기에 쉽게 선을 넘는다. 경계를 모르는 사람들은 대체로 공과 사를 구별하지 못한다.

사적으로 친밀감이 생기면 그 친밀감을 공적인 부분에

도 들이민다. 공식적인 조직을 무시하고 나이를 무기로 삼기도 하고 친분을 미끼로 삼기도 하여 공적인 일까지 흩뜨린다.

누군가에게 말을 들었을 때 유독 불쾌할 때가 있다. 듣는 사람 성격에 따라 다르게 들리는 변수는 어쩔 수 없다 해도 대체로 언짢은 말이나 불쾌한 말은 어떤 특징이 있기 마련이다.

공감할 수 없거나 이해할 수 없거나 맥락과 동떨어진다. 가치관이 사회 통념과 아주 거리가 멀거나 독특하다.

나도 말이 조심스럽다. 건너편에 가 닿지 못하는 말 더미를 보고 낭패감을 감추지 못한다. 굳이 독설을 하지 않더라도 다른 사람의 마음을 아프게 할 때가 있다.

논리적인 오류에 눈살을 찌푸리거나 못 본 척 묵인하지 못할 때가 더러 있다. 행여 의도치 않게 마음을 다칠까 봐 평상시 일부러 사투리를 더 쓰고 일부러 더 털털하게 웃는다.

허허실실 얘기하니 가볍게 아는 사람들이 있다. 허허실실虛虛實實이 실없이 보이는가 보다. 결코 허허거리고 마는 것이 아닌 것을 모르니, 이치에 아주 벗어나는 말에는 동의하지 못하는 것을 모르는 거다.

아무리 웃자고 한 말이라도 앞뒤 말이 안 맞거나, 강자에게 아부하기 위한 말이거나, 관습적으로 몸에 밴 기득권 찬양의 말이거나, 약자니까 고개를 숙이라는 말 따위에는 동조하지 않는다.

농담인지 아닌지는 화자의 의도에 딸린 게 아니다. 청자가 불편하면 농담이라고 할 수 없다. 농담은 서로 유쾌하게 웃을 수 있어야 한다. 한 사람은 웃지만 한 사람은 불쾌하거나 찝찝하면 결코 농담이 아니다.

명백하게 농담은 모두가 즐겁고 유쾌해야 성립되는 행위다.

예전 코미디는 사람을 놀리거나 골탕 먹이며 웃었고 쩔쩔매는 것을 보며 즐거워했다. 해학이 사라지고 가학이 남았다.

지금도 학교에서나 친구들 사이에서 웃자고 한 말이라는 가해자의 말을 듣는다. 일방적이다.

어떤 이가 일행에게 "눈치 보라"고 했다. 평상시 그의 가치관이 그대로 담긴 말이다. 그의 언행을 봐 온 지 몇 년인가. 나는 일행에게 "눈치 보지 마세요."라고 했다. 순간 그가 농담이었다며 발끈 화를 낸다. 발끈 화를 내는 것은 어떤 상황에서든 무례하다. 나이가 많다고 화를 내도 되는 것은 아니다.

나이가 모든 것을 압도하는 특별 허가권은 아니다. 엄연히 공적인 관계다. 위트도 아니고 해학도 아니고 즐거움도 없는 진지한 얘기를 하고서 농담이라니 무슨 맥락인가.

애초에 상대방에 대한 존중은 없다. '내가 웃자고 한 말이면 달리 받아들이지 말고 그냥 웃어라'다. '내가 웃자고 한 말인데 웬 딴소리냐'는 거다.

농담과 진담의 경계가 애매하다. 목소리 톤이나 분위기로 농담임을 알아채기도 하련만, 평소 농담을 하는 않는 사람이 한 진지한 말을 어떻게 농담으로 듣나. 더구나 평상시 가치관이 그대로 녹아들어 있으니 진담으로 듣는 게 더 자연스럽지 않나.

아서라. 농담은 그리하지 않는다. 밥그릇이라도 엎을 기세로 화를 내는 것은 농담이 아니라는 증거에 다름 아니다. 언제 그대가 농담을 한 적이 있던가.

멀쩡한 얘기조차 불가능할 때가 많다는 것은 숨쉬기 갑갑하다는 것을 의미한다.

맞은편에 가야 하는데 빽빽하게 잡목이 우거진 덤불을 앞에 둔 심정이랄까. 도무지 헤쳐나갈 엄두가 나지 않는다. '말로서 말 많으니 말 말을까 하노라'는 언제나 유효하다.

녹투

⋮

 3월이 되니 녹음이 푸르기를 바라며 투쟁하는 줄 알았더니 뜻밖에 너도나도 상대방의 말을 녹음하여 폭로하는 일이 다반사라 미투와 빚투에 이어 녹투가 한창이라 한다.
 정보화 사회이기 때문에 도처에서 정보가 생산되고 유통되고 소비되니 어디서 어떤 사건이 떠올라 유영하다가 사라질지 예측불가능하다.
 미투와 빚투에 이어 녹투가 뜨는 것은 말 많고 거친 우리 작금의 사회를 볼 때 드디어 올 게 온 것인가.
 근현대사는 헤아릴 수 없이 쌓인 울분과 수없는 부조리가 넘치고 넘쳐 뒤덮었다고 해도 과언이 아니다.
 5·18민주화운동이 수없이 폄훼되고 훼손되는 것을 보더라도 억울한 울분은 산하 어디든 말끔하게 해소된 적이 없고 수없이 행해졌던 만행과 부조리는 한 번도 속 시원하

게 청산되지 못하였다.

친일파와 고관대작들은 반성하지 않고 대대로 떵떵거리고 산다. 일본에 미국에 유럽에 남들보다 먼저 유학 간 그들의 자식들은 신지식인이 되어 고관대작을 되풀이하였고, 그들끼리 인연을 맺어 권력과 부를 결합하였다.

친일순사가 독립운동가를 고문하고 조롱하였으며 친일앞잡이가 반공주의자가 되어 세를 부렸다. 사회지도층이 그대로 기득권을 유지함으로써 그들은 지역의 유지가 되었다.

도덕적 약점을 덮을 무기로 신지식을 교양으로 둔갑시켰으며 오래된 양심과 사회적 합의와 공감대는 모르쇠하고 구식이라고 면박하였다. 거짓이 득세한 근현대사 속에서 우리말은 거칠어졌고 욕설과 비속어와 비아냥거림과 폄훼와 무시, 업신여김과 헐뜯음이 만연하게 되었다.

임진왜란과 두 번의 호란, 조선 후기 동학혁명의 무참한 최후, 망국, 일제강점기와 6·25전쟁, 방방곡곡에서 벌어진 양민학살 등을 겪으며 슬픔과 괴로움과 분노를 느끼지 않을 식자識者가 몇이나 있었을 것이며 그 후손들이 느끼는 불쾌감과 슬픔과 괴로움과 실망과 분노인들 다를까.

식자우환識字憂患은 지속되었다. 분단만으로도 아픈데 거기에 소금을 뿌리듯 정치인은 이념을 부풀려 정적을 탄압

하는 도구로 이용했다. 마땅한 항의와 논의도 빨갱이로 치부하며 독재는 오래 권력을 누렸다.

정치가 조금 바뀔 기미가 보였을 때는 이미 화폐가 전능한 신의 자리를 대체해가고 있었고 양심과 도덕은 하잘것없는 것으로 밀려 나갔다.

동학도와 선비와 의병과 독립운동가와 학자는 어디로 사라지고 잇속 차리며 제 한 몸 호강과 안일이 선망이 되고 말았다. 권력도 부도 정당성을 얻지 못한 채 도덕과 양심은 답답한 서생의 유물로 여겨졌다. 언제든 어디서든 돈이 땅이 자본이 주인 노릇을 안 한 적은 없지만, 정신적 가치가 이토록 권위를 잃은 적이 있었을까. 스펜서의 적자생존은 돈을 소유한 사람이 환경에 적응하며 살아남는 것으로 대입하고도 남을 만큼 유효한 명제가 되었다.

불의와 죄악을 단죄하지 못하고 부조리와 만행을 청산하지 못하여 정의가 정의가 아니고, 옳음이 옳음이 아니며, 교양이 교양이 아닌 언어의 오염이 수없이 반복되었다.

아름답고 고귀한 단어들이 속절없이 훼손되었다. 말이 본래 의미대로 소통되지 못하는 지경에 이르러 고왔던 말은 거칠어지게끔 되었다.

교양이 참 교양이 아니고 권위가 참 권위가 아니고 말이 참말이 아니게 되자, 거친 말로 항의하는 것이 일부 호응을 얻었다. 목소리를 내어 행동함으로써 자신의 것을 찾는 사람들도 있지만 고약하고 험악하게 굴며 남의 것을 빼앗는 사람들도 있다.

우기기, 일단 큰 목소리로 제압하기, 악다구니 쓰기, 거짓말하기, 기함할 말을 천연덕스럽게 하기 등 갖은 기술을 가진 사람이 있으니 녹음이 불가피할 때도 있다.

두 사람의 가치 충돌이 원만한 대화로 풀어나갈 수 없는 지경에 이르렀으나 해결해야 할 송사나 사무가 있다면 자기방어라도 해야 할 터이므로 녹음이 불가피할 때도 있다.

대화는 두 사람의 공동책임이다. 한 사람이 일방적으로 귀찮게 괴롭힐 수 있으나 그런 일은 흔치 않다. 듣지 못하는 사람은 상대방을 한 사람으로 존중하고 배려하지 못한다. 듣지 못하는 사람끼리 대화를 나누면 말은 서로에게 닿지 못한다. 말을 조리 있게 하지 못하고 말을 이해하며 듣지 못하면 가뜩이나 틀어진 대화는 두 사람 사이를 휘젓는다.

그렇다고 일상적인 대화를 녹음하는 사람은 무척이나 드물다. 더구나 자주 녹음하는 사람은 결코 좋은 사람일 수 없다. 대화를 뒤틀어 흔들어놓고 상대방이 화를 내면 기다렸다는 듯 녹음 버튼을 누르고 갑자기 교양을 탑재한다.

계산을 끝내고 대화를 녹음하는 행위는 그물을 쳐 놓고

고기를 잡는 것과 무엇이 다르랴. 영 마뜩잖다.

 말은 언어는 -하이데거의 말을 빌리지 않더라도- 존재의 집이며 존재를 드러내는 가장 강력한 수단이다. 그 사람이 먹는 음식이 그 사람을 설명하듯, 그 사람이 읽은 책들이 그 사람을 알게 하듯, 그 사람이 겪은 경험들이 그 사람의 삶을 말해주듯, 그 사람이 쓰는 단어들과 말들이 그 사람의 인격을 보여준다.

 자신이 가지지 않은 말들을 내뱉을 수 없고 맥락 없는 말들이 불쑥불쑥 튀어나올 수 없다. 습관이든 무의식이든 체화된 습성이든 보이지 않는 연결이 맥락 속에 있다. 비록 말의 의미와 의도를 자각하지 못할지라도….

 말은 무척 무거운 것이며 자신의 온 존재를 드러내는 수단이며 가치와 의미, 이해의 폭과 지평을 모두 담는 행위이기에 함부로 나불거릴 것은 못 된다.

 귀하고 아름다운 것은 말이 없다. 하늘이 그러하고 바람이 그러하고 꽃들이 그러하고 바위가 산이 들이 햇볕과 달빛이 별들이 사랑이 꿈이 그리움이 그러하다.

 말을 안 하고 살 도리는 없으니 말을 가릴밖에….

 미투는 공감대를 충분히 형성하였고 빚투는 그 대상이 또 다른 피해자이기 때문에 공감을 얻기 어려웠다면 녹투는 씁쓸함을 지울 수 없다.

그동안 말을 고약하게 하는 사람들이 많았으니 녹투에 이른 것은 마땅히 올 게 온 것인가.

녹투가 뜨니 이로써 거칠고 험한 말이 잦아들게 될까? 갈수록 이물스럽지 않은 사람과 이물 없는 대화가 귀하다.

안개

⋮

자욱한 안개가 도시를 감싸고 있다.

한없이 가볍고 발랄하고 생기 넘치던 도시가 참선에 든 듯 고요하다. 경박하고 쾌활하고 신이 나서 밤의 유희와 쾌락에 기꺼이 놀던 도시가 늦잠을 자듯 조용하다.

이른 아침, 안개는 온 산과 들을 구름처럼 덮는다. 하얀 안개가 한 번 품었다가 놓아주면 대지는 세수를 하고 깬다. 그런 날은 하늘이 유독 맑다. 유독 맑은 날은 냇가 강아지풀마저 상쾌하다.

그런 날은 하늘에 구름 한 점 없고 앵두며 자두가 새콤달콤하게 여물어간다.

안개는 차가움과 따뜻함의 만남에서 생긴다. 먼저 차갑게 식지 않으면 안개가 일어나지 않는다. 차갑게 침잠하였다가 쩍쩍 마른 논에 물들어가듯 막혔던 혈관에 붉은 피가 돌 듯 동쪽으로부터 따스한 기운이 순식간에 오면 그때서야 안개가 피어오른다.

차가움 다음에 따스함이 온다. 어떤 이는 고통을 겪고, 어떤 이는 참으며, 어떤 이는 부단히 진일보하는 시기를 겪어야 찬란한 날을 맞이할 수 있다. 찬란함은 거저 오지 않는다. 차가움을 기꺼이 감수해야 그만큼 맑고 푸른 날이 온다.

시린 밤과 정신이 번쩍 드는 명료한 시기를 보내지 않고 어찌 티끌 하나 없는 맑은 날을 볼 것인가.

늘 온실에서 사는 사람에게는 안개 낀 신비로운 아침도, 그 안개가 걷히고 나서 맞이하는 깨끗한 날도 없다. 그저 맹숭맹숭 맹탕인 그런 날들이 이어질 뿐이다.

고통도 희열도 모르는 무딘 사람이 되어갈 따름이다. 고통 없이 어찌 희열을 알 것인가. 희열은 고통만큼의 깊이를 가진다.

무겁게 내려앉아 며칠씩 걷히지 않는 안개가 있다. 아침나절의 채도 높은 흰 안개가 아닌, 흰 물감에 검은 물감을 섞은 듯 짙은 회색빛 안개가 온 땅을 지긋이 내려 누른다. 그런 안개는 무겁고 탁하고 답답하며 불쾌한 점령군처럼 느껴진다. 거대한 안개는 밀어낼 수도 없고 걷어 낼 수도 없이 며칠씩 땅을 지배하고 마음을 지배하고 시대를 지배한다.

어찌 무거운 안개가 며칠씩 혹은 몇 달씩 내리누르거나 둘러싸거나 가로막는 시기가 없으랴. 한 치 앞이 선명하지 않는 안개 속에서도 삶은 계속된다.

누가 이 길이 맞는 길이라고 확약해 주지도 않는다. 누가 이 길이 바로 그 길이라고 선포하지도 않는다. 단지 모호한 안개 속을 헤매는 것 같은 때가 있을 뿐이다.

어떤 이는 앞선 사람을 뒤쫓고, 어떤 이는 제자리를 맴돌며 방황하고, 어떤 이는 엉뚱한 길로 접어들고, 어떤 이는 자신의 길을 간다.

믿음직한 누군가의 옷자락을 붙잡고 어린아이가 엄마를 놓칠까 걱정하듯 전전긍긍하는 사람이 있고, 어리둥절하여 이 손을 잡았다가 저 손도 잡았다가 어찌할 바를 몰라 혼란을 겪는 사람도 있다.

동쪽으로 갔다가 다시 서쪽으로 갔다가 허리춤에 손을 얹고 망연자실한 사람이 있고, 아무 하는 일 없이 다만 안개가 걷히기를 하염없이 기다리며 시간을 보내는 이도 있다. 어느 편이 이득이 될까 기웃거리며 체통을 잃는 경우가 있고, 알음알음 알아본다고 설치다가 속만 빤히 드러나는 일도 있다.

짙은 밤안개 속을 뚫고 온 적이 있다.

경계가 사라지고, 길조차 자취를 감춘 것 같으며, 어둡고 습한 기운이 가득하였다. 자동차에서 최대치로 뿜어내는 불빛마저 희미하게 분산되므로 오로지 앞만 주시해야 했다. 모호함의 극치를 견디며 짙고 강렬한 밤안개를 벗어났다. 한 시간 가량 안개를 뚫고 나왔다.

짙은 밤안개 속에서도 가야 할 길을 가고, 모호한 안개 속에서도 굳건히 버티며 견뎌야 한다. 모호함을 견디는 것은 힘이다. 삶은 때때로 모호하다.

명쾌하고 명료하게 설명되지 않고 분명하게 정리되지 않은 채 시간이 흐르기도 한다. 필연적일 수 있는 모호함 속에서 담담히 버티어 주는 것은 미덕이다. 명료하게 생각하고 명쾌하게 정리하기까지 기다리며 모호함을 버티는 것은 묵묵한 힘이다.

모두가 흔들릴 때 흔들리지 않고 세상이 어지러울 때 중심을 잡는다는 것은 얼마나 귀한 일인가.

안개 속이라고 여겨지는 시기에 오히려 자신의 방향성과 가치와 철학이 드러난다.

삶의 방향을 잃고 헤매거나, 가치가 흔들려서 뿌리가 뽑힐 지경이거나, 철학의 빈곤이 환히 드러나기도 한다. 갈

지자 행보는 본인만 모를 뿐 타인에게는 선명하다. 아이러니하게도 모든 것을 가리는 것 같은 안개 속에서 행동은 선명하게 드러난다.

안개 속에서 경계는 오히려 확실해진다. 안개가 짙게 끼었을 때 산의 윤곽이 선명하게 드러나듯 사람의 행실도 또렷해진다.

안개 속이라고 느낄 때야말로 더욱 조심해야 할 때이다. 안 하던 짓은 새삼스럽게 할 까닭이 없다. 평소 신념대로 가던 길은 거침없이 가야 한다.

좌고우면할 필요도 없고 잇속을 따질 여지도 없다. 잇속으로 움직이는 사람은 가볍다. 가벼움은 언젠가 드러나고야 만다. 가벼움은 자체 부력에 의해 저절로 떠오르고야 만다. 안개 속이라고 가볍게 행할 일이 아닌 것이다.

안개는 언젠가 걷힌다. 영원히 안개 속에 묻혀 있지 않다. 끝없이 안개 같은 삶도 없다. 안개가 걷히기까지 모호함을 견디고 가던 길을 담담히 걸어가야 한다. 아직 안개는 걷히지 않았다. 하지만 머지않아 안개는 걷히고야 말리라.

안개가 걷힐 때 상쾌함을 누가 맛볼 것인가.

PART 5

시간에 기대어

그늘

⋮

 산다는 것은 따가운 햇살을 견디고 차갑게 몰아치는 비바람을 맞으며 오롯이 혼자 서는 것이다. 한 포기의 강아지풀이 그러하고 한 그루의 장미 넝쿨이 그러하다. 한 마리의 참새가 그러하고 한 마리의 사자도 그러하다.
 사람도 그러하다. 탯줄을 방금 자른 아기도 온전히 독립된 하나의 생명인지라 저 혼자 호흡하고 잠든다.
 모든 어린 생명은 보살핌이 필요하겠지만, 사람은 특히 아늑하고 따뜻하게 보살펴야 하는 나날들이 상당 기간 필요하다. 성장하기 위해 절대적인 시기에 충분한 사랑이 필요한 법이다.
 부모를 비롯하여 타인의 선의와 도움과 배려와 안내가 결여된 삶은 아무래도 에너지를 응축하기 어렵다. 결핍은 삶을 풍요하게 구성하는 데 지장을 준다. 결핍을 이겨내기 위해서 얼마나 많은 에너지와 노력이 필요한가.

어느 정도 채워져야 풍선이 하늘을 날 수 있듯이 보살핌과 사랑이 어느 정도 채워져야 아이도 날 듯 가볍다.

부모가 영향을 미쳐 형성한 바탕은 오래 디딜 바닥이다.

발을 디딜 바닥이 단단하지 못해서 넘어지거나 엎어질 때, 기대고 일어설 언덕이 없거나 내밀어 주는 손길 하나 없을 때, 그늘 하나 없는 땡볕 같은 삶에 오래 노출되어 진이 빠지고 에너지가 소진되어 갈 때, 누군가는 기댈 언덕이나 나무가 되어야 하고 편히 쉴 그늘이 되어야 한다. 누군가는 그 그늘이 간절히 필요하다.

부모 그늘만큼 큰 그늘이 어디 있으랴. 어렸을 때는 부모의 그늘 아래 먹고 공부하고 놀고, 놀라운 호기심과 유쾌하고 경쾌한 쾌활함으로 신나는 즐거움을 누리며 성장해야 하지만 그렇지 못한 상황이 곳곳에 있다. 모든 사람이 편안하고 안락한 유년기를 보내는 것이 아니며, 모든 사람이 학령기까지 온전한 부모의 보호 아래 학업을 할 수 있는 것도 아니다.

즐거움과 기쁨을, 호기심과 놀이를, 아늑함과 편안함을 박탈당한 사람은 평생 살아갈 방편을 구비하지 못한 것처럼 불안하고 우울하다. 그리하여 유년기에 누렸어야 할 편안함과 아늑함을 찾아 헤매며 힘을 소모하느라 정작 즐겁고 유익하고 행복한 삶에 쏠 에너지가 부족하다. 엉뚱한 데 힘을 쏟은 까닭이다.

부모라는 나무가 휘어지고 작고 튼튼하지 못하면 평생 외로움을 안고 살게 된다. 간혹 다른 나무를 찾을 수 있으나 부모보다 더 안락한 나무를 찾기란 여간 어려운 게 아닐 터이다.

따가운 햇살에 오래도록 노출되어 있다가 잠시 쉬는 그늘은 이루 말할 수 없는 위안을 주었다. 뜨거운 여름날에 밭매는 일은 고됐다.

해가 저물어야 비로소 책을 읽을 수 있었으니, 밭매러 집을 나설 때 그늘에 앉아 방학 숙제를 하는 친구가 세상없이 부러웠다. 이제 열 살이 갓 넘었으니 부모가 만들어준 그늘에서 책을 읽든 놀든 쉬는 게 자연스러웠을 텐데, 허구한 날 논밭으로 산으로 다니며 일을 해야 했기에 친구 부모가 만들어준 그늘이 그렇게도 부러웠다.

열세 살 겨울이 오기 전에 아버지는 지병으로 별세하셨다. 나는 그늘의 반쪽을 일찌감치 잃어버렸다. 아버지는 돌아가신 뒤에도 많은 영향을 주었다. 아버지의 가르침을 잊지 않았고, 아버지라면 어떻게 말씀하실 것인지를 습관처럼 생각했다. 아버지는 나침반처럼 의지가 되었고, 생각만으로도 아늑했지만 아버지 없는 세상은 늘 허전했다.

부모 그늘 못지않게 중요한 그늘은 배우자의 그늘이리라. 그늘이 보호막이고 안식처라면 가장 친밀하게 가장 오래 가장 가까이에서 지속되는 그늘은 배우자의 그늘이다.

신자유주의가 활개를 치기 전까지 여성은 하나의 온전한 사람으로 살아갈 직업을 준비하기보다, 현모양처가 되는 것이 미덕이었으며 아름다운 전통으로 권장되었다.

니체는 '직업은 생활의 등뼈' 즉 직업이 몸의 척추처럼 삶의 근간이라고 하였는데, 상당수 여성들은 척추를 남편에게 의존했다. 그리하여 여성은 아버지에게 삶을 의탁했고, 뒤웅박 팔자가 되어 남편에 따라 행과 불행이 좌우되었으며, 기꺼이 운명을 감수하였다.

모범적이고 완전한 부모가 무척 드물 듯 결혼한 모든 여성이 자상하고 지혜로운 남편의 그늘 아래 원만하고 사랑이 넘치며 다정하고 안락한 가정을 꾸리는 것은 아니다.

스스로 서지도 못한 미성숙한 남자가 가장이 되어(자신의 숱한 문제들을 한 보따리 가슴에 품은 채) 아내에게 자녀에게 상처 주고 생채기 내며 가정을 건사하지 못하는 경우도 드물지 않다.

성찰이 되지 않는 미성숙한 남편에게 때로는 반사회적인 남편에게 현모양처의 꿈이라니….

그런 슬픈 삶들이 지난 역사에서 삶의 도처에서 목격되

었기에 여성들이 직업도 없이 남편에게 의지한 채 자녀를 낳아 기르는 것을 두려워하게 만들었는지 모른다.

여성들이 주체적으로 자신의 삶을 영위하고 보존해야하는 것은 시대적으로 명백하다. 여성이든 남성이든 스스로 서야 하고 독립적인 인격을 갖춘 채 가정을 꾸려야 한다.

그래야 비로소 그 가정은 따뜻한 안식처가 되고, 자녀에게 좋은 인성을 형성할 수 있는 환경을 제공할 수 있다. 온전히 살아가기 위해서 더불어 살되 스스로 서야 한다.

말과 행동이 거친 사람은 피로함을 준다. 되도록 가까이 있고 싶지 않다. 거름망 없이 내뱉는 가볍고 거친 말과 거칠고 무례한 행동은 뜨거운 햇살 아래 오래 노출되어 진이 빠지는 것 같은 피곤함을 준다. 그 거침으로부터 아늑하고 편한 그늘로 탈피할 필요가 있을 때 그늘이 되어준 것은 선생님들과 책과 좋은 친구들이었다.

현명하고 따뜻한 선생님은 가정에서의 결핍을 기꺼이 보완할 수 있다. 좋은 친구도 인생의 그늘이 되어준다. 언제든 서로의 존재를 보증하고 서로를 이끌고 격려하고 응원하고 지지하는 사람이 그늘이다.

산다는 것은, 나이가 든다는 것은, 어른이 되었다는 것은 늘 그늘 아래 머무는 것이 아니고 기꺼이 그늘이 되어 주는 것이 아닐까.

나무를 닮은 사람

︰

 늘 사람들과 함께 어울려 살면서도 사람이 그립다. 그냥 그런 사람이 그리운 게 아니라 나무 같은 사람이 그립다. 사람이 어찌 나무 같을 수 있으랴만 굳이 비교하자면 나무 같은 성정의 사람이 있었으면 좋겠다.

 나무는 어떤 측면에서 보면 사람 같은 면이 있다.

 앳된 다섯 살의 아이처럼 온통 파릇한 새순을 가득 품어 냈다가, 열일곱 살처럼 스물세 살처럼 꽃망울도 피워 올렸다가, 장년처럼 온통 푸른 나뭇잎으로 무장도 했다가, 서서히 물들어가는 것이 어떤 면에서는 사람의 삶 같다. 앙상한 가지만 남긴 채 한 잎 나뭇잎도 남기지 못한 헐벗은 나무는 쓸쓸하고 처연하다.

 그 또한 사람의 삶과 거리가 없다. 회색빛 가지만 남긴 나무는 뼈만 앙상하게 남은 삶처럼 허무를 드러내다가 다시 가득 채우고 또 언제 그랬냐는 듯이 비워내는 습성도 사람과 닮은 면이 많다.

나무는 제가 가진 습성대로 온도와 습도와 햇살이 건네는 말에 따라 아무 말 없이 한 해를 보내고 또 한 해를 넘긴다. 따가운 햇살도 휘몰아치는 강풍도 으레 그렇다는 듯이 겪고 푸른 하늘에 제 얼굴 그대로 서 있다.

오만도 가벼움도 거만도 부끄러움도 없이 그저 담담하고 당당하게 서 있다. 바람이 불면 바람이 부는 대로 비가 오면 비가 오는 대로 낙엽이 지면 낙엽이 지는 대로 눈이 오면 눈이 오는 대로 흔들림 없는 몸짓은 사뭇 거룩하다. 나무는 그대로의 자기 모습을 보여준다.

하늘 높이 푸르게 서 있어도, 마치 생이 다 한 듯 마른 줄기로 서 있어도 그 생이 요란하지 않다. 어디 그런 사람이 없는가.

사람은 변덕스럽다. 추우면 춥다고, 더우면 덥다고, 할 일이 없으면 심심하다고, 가난하면 불행하다고, 지루하면 새로운 쾌락을 찾느라고 변덕을 부린다. 고운 사람은 지치고, 착한 사람은 싫증난다고, 한결같은 사람은 권태롭다고 한다.

믿을 사람 하나 없다고 하면서 정작 스스로는 신의를 알지 못한다. 피상적인 만남은 있으나 진실한 이해나 소통은

꿈같은 일이라 치부한다.

그저 나무처럼 무던하게 담담하게 자기 자리를 지키는 우직한 사람은 어디에 있는가.

움직이지 못하는 식물에게서 사방팔방으로 돌아다녀도 시원찮은 사람의 덕성을 구하는 것은 어리석은 일인지도 모른다. 사람의 변덕은 너무 자연스럽고 당연한 것일 수 있다.

하고 싶은 일은 얼마나 많으며 가고 싶은 곳은 또 얼마나 많으랴. 꿈은 언제든 저의 존재를 드러내려 하고 선택하지 못한 아쉬운 일들은 수시로 고개를 내미는 데야….

수많은 소망과 갈등 속에 있는 사람한테 무던한 존재로 있어달라는 것은 과한 기대인지도 모른다.

나무를 닮았다고 하여 아무런 느낌도 없이 무감각하게 있으라는 것은 아니다. 화가 나면 화를 내고 슬프면 슬퍼하고 아프면 앓을지라도 그 자신의 본래 역할을 잊지 말라는 게다. 울고 웃더라도 어미라면 어미의 직분만큼은 잊지 말라는 게다. 선생이라면 선생의 역할마저 잊을 만큼 흔들리지 말라는 게다.

사람 사는 곳에는 나무처럼 버텨주는 사람이 분명 있었다. 엄마와 아버지는 커다란 나무 같았다. 일희일비하지 않으며 수선스럽지 않고 요란하지 않은 채 큰 나무 같은 존재였다.

갈수록 나무 같은 사람이 아주 귀하다. 무던하게 세월을 함께 바라봐 줄 사람이 드물다. 성인군자를 기대하는 것은 아니다.

그저 사람인 채로 한결같은 사람이 흔치 않다는 안타까움의 토로일 뿐. 바야흐로 지금은 소비의 시대이고 사람마저 소비하는 시대일진대 변치 않을 인간성을 기대하는 것은 시대착오적인 희망 같아서 쓸쓸하다.

사람에게는 나무처럼 무던하게 버텨줄 지지대 같은 사람이 필요하다. 수호신 같은, 당산나무 같은 선 굵은 사람이 필요하다.

아무것도 없는 방랑객 같은 처지도 내치지 않을 사람, 성장하기 위해 애쓰는 모습을 비아냥대지 않고 묵묵히 응원해 줄 사람, 성취를 마음껏 기뻐해 주고 힘겨워할 때 힘찬 응원을 보내줄 사람, 언제나 "네가 왜 그런 줄 안다"며 맘을 알아줄 사람, 우리는 나무를 닮은 든든한 버팀목이 필요하다.

비가 오거나 햇볕이 따가울 때 쉬어가고 바람이 불 때 기대며 언제나 가까운 곳에서 안식처가 되어줄 나무를 닮은 사람이 그립다.

나는 나무 같은 사람일까. 자기의 본분대로 자기의 역할에 충실하며 언제나 무던하게 그 자리에 있는….

　내가 만나는 아이들이 나로 인해 마음에 편안함을 느끼고 위안을 받으며 희망을 가질 수 있다면 좋겠다. 마음 둘 곳 없는 아이들에게 나무를 닮은 사람이 되고 싶다.

　가진 것이 적어 나눠 줄 것도 없지만 행여 외롭고 힘들 때 나를 떠올리며 힘을 낼 수 있다면 얼마나 좋을까.

　'식물에게는 햇볕과 물이 필요하듯 사람에게는 격려가 필요하다'는 아들러학파 드라이커스의 말처럼 나에게 지지대 같은 사람이 필요했듯 다른 이에게 나도 버팀목 같은 사람이 되고 싶다.

　비바람을 함께 맞고 꽃도 지천으로 피워내며 푸른 잎사귀로 넓은 그늘을 만들어내는 나무처럼 품 넓고 든든한 나무 같은 사람이 되고 싶다.

　기댈 곳 없는 아이들이 내게로 와 눈물도 쏟고 웃음도 흩날리고 기쁨도 슬픔도 성냄도 즐거움도 기꺼이 표현하기를 바란다. 나는 그들과 함께 하는 사람이고 싶다.

　사람이 그립다. 나무를 닮은. 사람이 되고 싶다. 큰 나무 같은.

유산

:

부모는 자식들에게 무언가를 남기고 자식은 부모로부터 유형무형의 자산을 받는다. 나는 부모님에게 논밭과 산의 공유지분을 받았다. 받았다기보다 엄마가 돌아가시고 반년이 지나자 저절로 상속이 되었다. 그때서야 마지못해 도장을 챙겨 공유지분을 받았다. 법이 그러하다고 하니 따랐다.

시골이라 경제적 가치는 크지 않다. 직장에 다니느라 시간을 내기도 어렵지만 콩 하나 마음대로 심지 못하는 전답이다. 그저 그냥 거기 있는 땅일 뿐이다.

유형의 유산 대신 공부를 할 수 있었더라면 더할 나위 없이 좋았으련만. 그랬다면 삶에서 겪었던 고통이 1할로 줄어들지 않았을까.

쉰이 훌쩍 넘어도 그 고통이 여전히 느껴진다.

무형의 유산은 엄마와 아버지가 다르다. 평소 두 분 성향이 달랐던 것만큼 추구했던 가치도 다른 까닭이다.

나는 엄마로부터 '손해 보는 것이 낫다'는 삶의 방편을 무형 유산으로 받았다. 엄마는 밑지는 셈법으로 평생을 살았다. 농촌에서 가장이 아프거나 부재할 경우 그 가정은 약자가 된다. '조금 손해 보고 사는 것'이 차라리 속 편한 일일 수 있다.

강퍅한 사람과 아등바등 싸우지 않으려면 조금 손해 보는 셈법이 나았으리라. 여성 가장이 산골에서 농사를 지으며 터득한 생존방법이라는 것을 안다. 논밭에 가며, 일을 하며, 시장에서, 집에서 무시로 오만 이야기를 하고 지내서 속을 안다.

엄마가 수없이 다짐하던 말은 내게도 스며들었다.

어디든 매한가지지만 독립적으로 사는 사람과 의존적으로 사는 사람이 있는 법이다.

더불어 어울려 공존하는 사회는 큰 틀에서는 작동하나, 고약한 사람이 있는 장면에서는 구체적으로 적용되지 않는다. 일을 하는 능력과 태도가 다르고 사람을 대하는 성품도 다르다.

욕망은 크나 능력이 그에 미치지 못하면 다른 사람을 착취하거나 의존한다. 욕심은 많은데 일을 못 하는 사람들. 사람을 소모품처럼 쓰는 사람들. 예의염치를 모르는 사람은 다른 사람을 착취한다.

  스스로 결정하지 못하고, 스스로 견디지 못하고, 능력이 부족하면 누군가에게 의존하게 된다. 착취하는 사람도 있고 의존하는 사람도 있다. 언뜻 반대 성향 같지만 서로 비슷하다. 힘이 강하고 욕망이 조금 더 크면 착취하게 되고 힘이 약하고 욕망이 조금 더 적으면 의존하게 되는 역학 관계다. 착취하는 사람과 의존하는 사람이 아름다울 리 없다. 고약스럽다. 독립적으로 사는 사람이 아름다운 법이다. 어른이라면 마땅히 스스로의 몫을 감당하며 살아야 하는 법이다. 능력만큼 애쓴 만큼.

  엄마는 능력치와 성품이 결코 독립에 부족하지 않았다. 오히려 노동에서의 능력치는 타의 추종을 불허했다. 견뎌내는 성품도 결코 떨어지지 않았다.

  남의 입에 오르지 않고 사는 방법이 그저 죽도록 우직하게 일하는 방법뿐이라는 듯이, 자식들도 보고 따라 살라는 듯이, 다른 방안은 없다는 듯이 철저하게 노동으로 삶의 대가를 지불했다.

  엄마와 가장 많이 일하고 가장 많은 이야기를 나눈 나는 일찌감치 손해 보는 삶을 살 준비가 되었다. 조금 더 일하고, 가늠보다 조금 더 손해 보는 삶에 익숙했다. 여태 '조금 더 손해 보는 편이 더 낫다'는 마음으로 살았다.

장담컨대 나를 만나 손해를 보거나 피해를 본 사람은 없을 것이다. 현재까지는 그렇다. 빚을 졌다는 느낌은 아직 없다. 부모에게도, 형제에게도, 남편에게도, 시댁에도, 사회에서 일터에서 만난 사람들에게도, 친구에게도. 되도록 내가 손해 보는 쪽을 택했다. 그게 마음에 편했다.

자식들에게는 아직 많이 모자란다. 숙제다. 다만 내가 한 선의의 일들 중 단 0.1%라도 단 1g이라도 자식들에게 좋은 일로 쌓이기를 간절히 바랐다. 어리숙한 셈법이지만 마음만은 그랬다.

돌고 돌아 언젠가 어디서든 우리 아들들에게 나의 행실이 남긴 선의가 가 닿기를 간절히 바랐다. 그런 마음으로 조금 더 일하고 조금 더 궂은일도 마다하지 않았다. 때로는 바보처럼 때로는 호구처럼 일한 까닭 중 일부는 아들들에게 복이 쌓이기를 바라는 수행이기도 했다.

무슨 조화인지 근래 들어 손해 보는 느낌을 염두에 두지 않는다. 할 만큼 했다는 느낌이 들어서 그런가. 나이가 드니 자연스럽게 예전만큼 몸이 날래지 않아서일까.

몸이든 마음이든 버거우면 멈추는 게 맞다. 이제는 가늠을 잘하지 않는다. 자연스럽게 둔다. 그렇다고 뻔뻔하게 타인을 이용하거나 착취할 생각은 추호도 없다. 그저 손해 보려고 애쓰지 않는다는 것일 뿐.

아버지는 '도둑질과 거짓말 빼고는 무엇이든 배워야 한다.'고 했다. 여러 말씀 중 가장 핵심적인 문장이 그러했다. 아버지는 농사짓는 것을 예로 들어 '주인이 직접 하지 않더라도 일을 알아야 놉을 쓸 수 있다'고 했다. 이해되었다.

배우는 것은 단지 공부에 국한되지 않았다. 아버지는 열 살인 내게 새끼줄 꼬는 기계 다루는 법을, 주판 놓는 법을, 한자 쓰는 법을 가르쳤다. 아버지가 가르쳐준 대로 주판을 놓고 한문을 썼다. 새끼줄의 굵기에 따라 기어를 바꿔주고 기름칠을 하고 새끼줄을 꼬았다.

아버지는 금해야 할 두 가지와 해야 할 한 가지를 같이 알려주신 것이다. 아버지가 가장 싫어한 두 가지와 가장 좋아한 한 가지가 그것인 모양이다.

'무엇이든 배워야 한다.'는 아버지의 무형 유산이다. 나는 아버지의 이 말을 한순간도 잊은 적 없다. 농사가 되었건 공부가 되었건 무언가를 배울 때는 배우는 순간에 집중했다.

키가 작아서 맨 앞줄을 벗어난 적이 없지만 수업 태도만큼은 늘 괜찮았다고 자부한다. 늦깎이 학생이 되었던 것도 다양한 취미를 경험한 것도 무엇이든 배워야 한다는 아버지의 나침반 같은 말씀 때문이다.

뭔가를 배울 때는 배우는 사람과 가르치는 사람이 서로

맞아야 한다. 강력한 한 구절의 문장이든, 삶 전체로 보여주는 태도이든 가르치는 사람은 일관성 있게 가르쳐야 한다. 그다음은 학교에서 배우거나 스스로 찾아 배우게 될 것이다. 배우고자 한다면 어디서든 배운다.

유형무형의 유산을 가늠해보니 무형 유산이 더 많은 영향을 준다는 것을 실감한다. 평생을 가로지르는 중요한 삶의 방편이 될 수 있다.

나는 아들들에게 무엇을 줄 수 있을까. 유형의 재산이야 딱히 물려줄 가능성이 크지 않아 보인다. 아들 셋에게 무엇을 얼마만큼 줄 수 있으랴. 무형의 유산으로 무엇을 남길 수 있을까.

한 문장으로 요약될 말이 있을까. 일관되게 나아가는 방향이 있긴 한 걸까. 하나로 꿸 단어가 있긴 한 걸까.

정의와 어떤 선거의 기억

:

 아파트 앞의 학교 운동장에서 매일 이른 아침 진군하는 적군 같던 축구회원들의 고함 소리가 멈추었다.

 아파트와 학교가 20m도 떨어지지 않아 소음피해가 충분히 예견됨에도 불구하고 인조잔디라는 달콤한 사탕을 놓을 수 없었던 축구동아리들은 인근의 많은 학교 운동장을 외면하고 굳이 이 말썽 많은 운동장만을 고집해 온 터였다.

 운동장 소음에 대한 6년간의 항의와 의견 제시가 평화로 돌아오자 뿌듯한 기쁨이 차오른다.

 무슨 정의의 사도도 아니련만 반골의 기질은 불쑥불쑥 고개를 내민다.

 세상은 아름다운 곳이라고 믿고 그 아름다움을 찬미하거나, 사물의 어여쁨에 찬탄을 보내고 정숙하게 교양을 쌓는 일에 몰두한다면 그도 분명 좋은 일이다.

하지만 사회에서의 정의를 외면할 수 없기에 가끔 옳지 않은 일에 화를 내고 끼어들고 목소리를 내는 일이 더러 있다.

몇 해 전에 학교의 총학생회장 선거가 절차를 무시하여 진행된 일이 있었다. 학과 공부만 하며 두 해를 보낸 터라 총학생회 선거에는 관심조차 없었다. 그런데 우연히 같은 학과의 큰 행사에서 학과회장이라는 사람의 행동을 이틀 동안 의아하게 관찰하게 되었는데 그녀가 논란의 중심에 있다는 것을 알게 되니 흥미가 생겼다.

인터넷의 사용에 무척 둔하여 거리를 두었었는데 인터넷 총학생회 카페에 가입하였다. 그간의 상황들을 볼 수 있었고 논란이 되는 사안들도 알 수 있었다.

특정 모임의 회원인 현회장이 같은 회원인 그녀를 위해 독단적으로 후보자 예탁금을 백만 원에서 이백만 원으로 변경하여 입후보자 공고를 한 것이 문제의 시작이었다.

현재 회장과 차기 회장을 꿈꾸는 두 사람이 모두 정치에 진입하고자 하는 꿈을 공유한 탓에 서로 은밀하게 암중모색을 한 정황이 있었다.

두 사람의 평소 언행에서 기초의원에 대한 구체적인 계획들이 노출되어 있었다. 정정당당하게 비전을 제시하고 경쟁을 해본 적이 없이 늘 상대방이 포기하게 하는 방법으로 무투표 당선 내지는 추대의 방법으로 회장 자리를 징검다리 건너듯 건너오던 그녀는 총학생회장의 자리도 무투표 당선을 시도하였다.

갑작스러운 예탁금 변경으로 경쟁자는 같은 지역 출신의 후배 한 사람뿐이었다. 후배가 포기하게 하는 방법이 그녀의 전략이었다. 다른 입후보자가 없다는 사실이 그녀를 안도하게 했는지 모를 일이지만, 입후보자 등록 마감시간이 되었을 때, 후배의 서류만 제출된 상태였다.

마감시간이 지난 후에 그녀가 서류를 제출하자 유일한 입후보자는 제출된 서류를 회수하여 입후보를 포기하였다.

그녀는 입후보 서류 마감시간을 어겼고, 회장단이 같은 학과에 중복되면 안 된다는 회칙을 어겼고, 입후보 서류에 등록된 회장단 중 한 명을 임의로 교체하면 안 된다는 회칙을 어겼으며, 또 다른 회칙들도 지키지 않았다.

서류 제출 직후, 선거관리위원회와 감사단에서 입후보자 예탁금을 인상하는 독단적인 공고와 입후보자 등록 시한을 어긴 것 등에 관한 회의가 열렸다. 회의 결과 선거가 절차에 따르지 않았다는 사실을 확인하였다.

각 단과학회장의 서명이 이루어졌으며 문제의 그녀도 서명을 하였다. 그러나 잘못된 선거였음을 인정하는 서류에 대한 서명도 그녀에겐 아무런 걸림돌이 아니었다.

총학생회를 꾸리고 다른 총학생회 카페를 개설하고 그녀는 앞으로 나아갈 뿐이었다.

그즈음에 문제를 접하고 이전의 총학생회 카페에 가입하고 보니, 황당하고 답답한 마음이 불쑥불쑥 들었다. 나는 조목조목 따지기 시작했다.

그렇지만 시간은 흘러 이미 직전 학생회장단은 와해되었고 많은 분이 졸업하였고 몇몇은 새로운 총학생회에 참여한 탓인지 에너지의 소실이 눈에 띄었다. 그러함에도 부당한 선거에 대해 문제제기를 하는 사람이 몇 있었다. 나는 어떠한 선거도 회칙에 의해 공정하게 치러져야 한다는 신념이 있었기에 그녀의 불공정한 선거에 대한 의견들을 말했다.

곧 그녀에게서 전화가 걸려왔다. 장학금을 준다느니, 상장을 준다느니, 학생회 임원을 시켜주겠다느니, 멘토가 되어달라느니 등 다양한 회유가 있었다.

지역대학장의 인정을 받았느니, 학교에서는 소란을 싫어한다느니 등의 압박도 있었다. 그녀에게서 한 시간 남짓 전화를 받으며 노회한 정객의 냄새를 진하게 맡을 수 있었다.

내가 주장을 굽히지 않자, 법학과 2학년쯤의 학생이 줄기차게 물고 늘어지기 시작했다. 그는 감정적인 성향으로 논리와는 전혀 상관없는 주장을 폈다. 삼단논법도, 선거가 절차에 따라야 한다는 논리도 그에겐 작은 트집으로밖에 보이지 않았다.

합리적인 주장을 하여야 논리적으로 반박을 할 터인데 맹목적인 감정적인 언어로 휘감겨오는 그가 피곤했지만 개인적인 사안이 아니기에 멈출 수 없었다. 그와의 설전이 찌근거림으로 다가올 무렵, 총학생회장 선거는 법의 판단을 구하는 절차에 들어갔다.

처음에는 사과를 요구하다가 그녀의 무시하기 대책을 방관할 수 없었던 몇이 소송에 들어간 것이었다. 그러자 법학과 학생도 물고 늘어지기를 멈추었다.

겨울부터 시작된 논란은 늦은 봄에 소송절차에 들어갔고 가을이 되었을 때 총학생회 선거는 무효 판결을 받았다.

곧 다음 총학생회장을 뽑아야 하는 일정이 다가오고 있었다. 그녀는 총학생회장의 이력으로 기초의원 공천을 노렸지만 그녀의 이력에는 총학생회장이란 타이틀을 달 수 없게 되었다. 그녀가 미래에 대한 비전을 가지고 정치인의 꿈을 갖는 것은 그녀의 자유이다. 하나 그녀는 정당한 절차를 통해 공정하게 승부를 겨뤄 떳떳하게 그녀의 꿈들을 실현해 나갔어야 했다.

비록 그녀에게 동의할 수 없어서 지지하지 않았지만, 그녀가 공정하게 총학생회장이 되었다면 반대할 이유도 명분도 없다.

정의를 사랑한다고 하여도 정의의 사도까지 될 수 없는 소심한 시민이다. 그렇지만 불의가 부당하게 정의를 유린하는 꼴은 보기 싫었다. 아무리 그녀를 좋아하지 않았다고 해서 개인적 감정으로 그녀에게 정의를 물었겠는가.

그녀에게 불의에 대한 책임을 물은 것은 학교에 대한 사랑과 믿음이 훼손되는 것이 싫거니와 정의가 실현되기를 바랐기 때문이다.

반골기질이 강한 건지 사회에 대한 비판의식이 발달하였는지는 알 수 없지만, 공정하지 않은 일을 만날 때는 손을 들고 말을 하는 일이 이어진다.

때로는 의도하지 않게 누군가에게 부담을 줄 수도 있지만 약자의 편에 서서 정의의 편에 서서 저울추를 맞춰보려는 일들은 이어질 것 같다.

선택권

:

 인간은 정치적 동물이라 정치와 무관할 수 없다. 이견의 여지가 없다. 국권을 회복한 후에 친일민족반역자를 처벌하지 못한 역사를 가진 나라의 운명처럼 대통령 선거는 아주 큰 이벤트일 수밖에 없다.

 게다가 오랜 독재와 두 차례 연거푸 쿠데타도 겪었으니 숙명이다. 부당한 권력이 오래 행사되었으니 마땅한 업보다. 원죄가 크고 많고 뚜렷하나 반성과 사과가 턱없이 미흡했다. 오히려 조롱하고 희화화하기를 마다하지 않은 채 치욕을 더하지 않았던가.

 앙금이 남을 수밖에 없다. 거기에 지역감정이 기생했다. 감정은 결국 해소되어야 한다. 해소되지 않은 감정은 화수분이 된다. 지역감정은 지역 자체가 싫은 감정이다. 비합리적이고 비상식적이다.

그러함에도 좋고 싫음은 원초적인 감정이어서 오래간다. 피해자와 가해자의 감정, 약자와 강자의 감정, 억울함과 우월감의 감정, 오만과 편견의 감정, 멸시와 질타가 뒤섞인 채 오래 뒤범벅이 된 감정, 상대방을 희화화하고 악마화하여 덮어씌운 감정까지 온갖 감정이 혼재한다.

그러나 감정은 왜곡될 수는 있어도 궁극적으로 보편적이다. 감정은 누구에게나 보편적으로 작동하게 마련이다.

나는 십 대 후반부터 이십 대 초중반까지 7년 반을 서울에서 살았다. 전라도 태생이 서울에서 느낀 80년대 중후반의 지역감정은 억울함과 분노였다.

폄훼되고 무시되고 업신여기는 막무가내의 감정. 출신지가 성분을 규정하고 사람의 값어치를 후려치는 장면들을 목격했다. 비단 경상도 사람들의 '전라도 빨갱이'가 전부는 아니었다.

다른 지역 사람들도 거기에 편승하는 것을 목도했다. '전라도 깽깽이, 전라도 빨갱이'로 칭하는 폄하는 꽤 오랜 역사를 가진 흉물스럽고 천박한 차별적 언어일 뿐이다.

87년 직접선거가 가능하게 되었을 때, 선거권도 없던 나는 언니를 설득하여 여의도에 가서 '독재 타도'를 외치며 마포대교를 넘어 시청까지 행진에 참여했다.

그 무렵 나는 웬만한 조간, 석간 일간지는 다 읽었고 시사 관련 월간지도 잡히는 대로 읽었다. 비록 그 당시 대학생이 아니었어도 나름 386이 아니었을까?

선거권을 행사할 수 있었던 이후로 그 귀한 선거권을 고귀하게 여겼다.

386이 586이 되고 누가 뭐래도 기득권이 되었다. 개인차야 당연히 있지만 586은 이미 기성세대이고 기득권을 가진 세대다. 특별히 그 당시에 대학을 졸업한 사람들은 그 기득권을 꽤 오래 꽤 많이 누려왔다. 그 당시 대학 진학률이 30% 전후였으니 그들은 충분히 기득권에 들 수 있었다.

민주화운동에 앞장섰던 386들이 정치권에 발을 들인지 어느덧 삼십여 년이다. 그들은 이미 충분한 열매를 따먹었다고 생각한다. 그들은 삼사십 년째 큰 변화가 없다. 지나치게 냉정한 평가일까?

민주화와 경제 성장은 대척점에 서 있는 가치처럼 다루어지곤 했다. 서로 점유권이 있는 가치인 양 양 진영에서 오래 반목을 거듭했다. 염원이던 수평적인 정권교체 이후 민주화와 경제는 이미 공존의 단어이며 가치가 되지 않았는가.

고인 물이 부패한다는 것은 상당 부분 진리다. 정의와 부패는 주인이 정해져 있지 않다. 우리 편이 항상 정의일 수는 없다. 잣대는 동일해야 하는데, 저쪽은 현미경으로 들여다보거나 사소한 것 하나를 물고 놓지 않는다.

이쪽은 너그럽고 관대하고 모르쇠다. 남의 눈의 티끌을 보듯 내 눈의 들보도 알아보아야 할 텐데, 일절 모르쇠다. 우리 편은 팥으로 메주를 쑨다고 해도 믿는다. 이쪽은 이익공동체가 아니라고 확신하는가.

예전에는 관변 단체가 영향력을 발휘했다. 지금은 여러 시민단체와 산하기관 등이 정치와 밀접한 관계에 있다. 부패는 사람에 따라 다른 것이지 진영에 따라 다른 것인가?

여기는 늘 몰표가 나오는 곳이다. 이해한다. 그동안은 가치의 대립이 분명했으며, 명분이 있었다. 도덕성은 늘 우위에 있었다.

나도 세 분을 뽑으며 손에 땀을 쥐었고, 밤을 새웠으며, 환호하고 만세삼창을 불렀다. 내내 응원했으며 자랑스러워했으며 존경했고 사랑했다. 지금도 변함없다.

역대급 비호감 선거라는 선거가 치러졌다. 어수선했다. 차악을 선택해야 하는 불쾌함이 내내 함께했다. 불쾌했다. 도덕성의 우위를 빼앗겨서 마음이 무거웠다.

선거가 코앞으로 다가오자, 진영으로 똘똘 뭉쳐 초등학교 친구들 단톡방을 비롯해 점잖은 단톡방에 업무용 단톡방까지 거침없이 간섭하고 들어오는 강요들. 낯설다. 여태 이런 적이 있었나.

의례 90% 몰표가 이번에는 자신이 없었는지 단속이 사방에서 들어왔다. 수십 년 동안 이런 강요와 단속은 경험한 적 없다. 그때는 모두 이심전심이었지만 이번에는 비호감이 어지간한 수준이 아닌데 무슨 확신으로 강요하는가.

모두가 당원인 것도 아닌데 유언무언의 압박들, 암묵적 동의들, 상대방을 절대악으로 규정하는 희롱과 희화화가 넘쳐난다. 악마화도 우상화도 위험하기는 매한가지 아닌가. 일당독재가 따로 없다. 비장하다.

선택은 자유다. 누가 강요할 일이 아니다. 그 선택에 대한 책임은 선택한 사람이 일차적으로 진다. 감동하든 응원하든 걱정하든 염려하든. 그러니 누구라도 개인의 자유를 침범하여 간섭할 일이 아니다.

자기 판단이 정답인 양 윽박지를 일은 더더욱 아니다. '모두가 나라를 위한 선택이었을 거라는 믿음을 갖는다.'고 하자 '사과 받아야겠다.'고 발끈했다. 그 폭력적인 인식이 놀랍다. 너무 비장한데 너무 무례하다.

선택할 자유를 위해 80년대 중반에 최루탄 냄새 맡으며 눈물, 콧물 쏟은 것 아니던가. 85년부터 서울에서 산 나 또한 꽤 최루탄을 맡았다. 87년 직선제를 얻기 위해 흘린 눈물, 콧물이 아니던가. 수없이 고민하고 내린 선택이든 즉흥적인 선택이든, 어떤 가치를 우선시하든, 뭐가 좋아서든 혹은 뭐가 싫어서든, 많은 정보를 취합하고 내린 선택이든 아니든 누가 뭐라 할 일이 아니다.

그 사람 고유의 권리이자 의무이고 자유다.

Twitter를 한 지 10년이 넘다 보니 본 게 많다. 꽤 오래 관찰하고 지켜봤다. 나는 그의 언어에 동의할 수 없을 뿐만 아니라 그의 인품이 꽤 불편하다. 수평적인 정권교체 이후 정권교체는 불가능한 일이 아니다. 언제든 교체될 수 있다. 그게 민주공화국이다.

직접선거 시스템은 집단지성을 믿는다. 역사는 퇴보하는 것처럼 보여도 궁극적으로 퇴보하지 않는다. 두 차례에 불과하지만 정권교체도 해보고 역동적인 탄핵도 해본 나라다.

역대 가장 독특한 선거다. 비등비등한 비호감을 가진 후보들뿐이다. 더 좋은 것을 선택한 것이 아니라 더 싫은 것을 피해서 선택한 경우가 많다.

물론 더 좋은 것을 선택한 사람도 있을 터이다. 그러나 한 발짝 거리를 두고 보면 비호감이 비등비등하다는 시각은 보편적이다. 보편적인 시각에서 보면 압도적인 지지가 어딘가 부자연스럽고 불편하다. 분명한 건 어느 한쪽이 월등한 선善이 아닌 것만큼은 명확하다는 것이다. 각자 선택에 맡길 수밖에 없다.

아버지 기제사 가는 길

:

　고지식하단다. 애들 아빠가 타박하듯 내린 평가다. 마땅히 해야 할 일이라면 감내하며 수행하며 살았다. 도무지 피할 수 없는 일이라면 불편이나 불이익을 감수하고 감당했다. 고지식해서 그렇다면 할 수 없다.
　마땅히 자식으로서 사람으로서 엄마로서 친구로서 어른으로서 사회 구성원으로서 해야 할 일은 하고 산다. 그게 그가 생각한 가장 큰 단점이라면 할 말이 없다. 천성이 팔 할일까? 노력이 칠 할일까?
　중학교 1학년 때의 일이다. 1982년 12월 14일 화요일이었다. 우리 면은 지리적으로 시내와 인접한 까닭도 있겠지만 중학교가 없다. 모든 중학생 이상 학생들은 시내에서 자취를 하거나 하숙을 하거나 할머니랑 같이 방을 얻어 살았다.

시골에서는 자취방 얻는 것도 돈이 드는 일이라 대개 자취를 했다. 그런 연유로 토요일 오후가 되어야 집에 갈 수 있었다. 통학을 할 수 없어서 자취를 하는 것이기 때문에 주중에 집에 간다는 것은 거의 불가능했다.

주중이지만 집에 가야 할 일이 생겼다. 아버지의 첫 번째 기일이 온 것이다. 기제사 전에 유두며 백중에도 마당에 치양을 치고 제를 올렸다. 마땅히 기일에 참석하는 것이 도리다.

별량읍에서 상사면으로 넘어가는 진남재는 어른들도 혼자 가는 것을 꺼려했다. 가는 길도 멀고 꼬불꼬불하지만 무엇을 보고 들었다는 말들이 많았다. 대낮에도 헛것을 보았느니 헛소리를 들었느니 말들이 많았다.

사촌 언니들도 엄마도 동네 어른들도 무서운 이야기를 했었다. 엄마가 이야기하기를 장날 혼자 오다가 두런두런 이야기 소리를 들었지만 모퉁이를 도니 아무도 없더란다.

친구 엄마도 '저기 앞에 하얀 옷을 입은 사람이 가고 있어서 길동무하려고 부지런히 따라잡으려 했지만 모퉁이를 돌면 다시 저만치 멀어져서 사람이 아닌가' 싶더란다.

작은아버지도 언제 혼자 재를 넘어오다가 길 아래로 떨어져서 다친 적이 있다. 피를 흘리며 집에 들어서는 작은아버지를 보며 여러 일가친척이 혼비백산 놀란 적이 있다.

이러저러하여 장꾼들도 언덕배기에 있던 탁주 집에서 같이 재를 넘을 사람을 기다리거나 아예 장마당에서부터 일행을 모아 길을 나섰다.

그런 말들을 들었으나 아버지의 첫 기일에 자식이 진남재 넘어갈 길이 무서워 못 가겠다고 할 수는 없는 노릇이다. 정신을 바짝 차리고 늘 다니던 길을 부지런히 걸어가면 될 일이다.

5시경 교문을 나서서 자주 오지 않은 버스를 타고 별량면 읍소재지로 갔다. 12월 중순 겨울 해는 서둘러 기울고 어둠은 빠르게 내려앉았다. 버스에서 내렸을 때 이미 사방은 어둑어둑했다.

언덕을 향해 걷는다. 언덕을 돌아 넓은 저수지를 절반을 미처 못 돌아 산길이 이어진다. 저수지 앞마을의 불빛이 마지막 빛이다. 이후로는 집 한 채 없다. 산이 깜깜하다. 산길로 접어든 후 둘이 나란히 걸을 수도 없는 좁은 길을 부지런히 걷는다.

차가운 겨울밤 그믐의 어두운 길을 바삐 걸어 어서 재를 넘어야 한다. 내려오는 걸음은 한 시간 반이면 되는데, 오르는 걸음은 두 시간이 훌쩍 넘는다. 혼자 걷기를 한 시간 반가량, 가장 무섭다는 모퉁이들을 돌 때는 머리카락이 쭈뼛쭈뼛 선다.

호랑이에 물려도 정신을 차리면 산다지만 열네 살 여학생이 혼자 밤길을 걷기엔 모골이 송연하도록 무섭다. 엄습하는 무서움을 떨칠 수 없다. 드디어 재를 넘었다. 재를 넘고 밤나무밭에 다니기 위해 넓게 만든 길을 걸으니 마음이 조금 놓인다. 그러고도 한참을 더 걸어야 비로소 동네가 보인다.

온통 까만 그믐밤, 동네 불빛이 반갑기 그지없다. 이제는 마음이 탁 놓인다. 조금만 더 걸으면 집이다. 마당에 들어서며 "엄마" 하고 부르니 엄마가 귀신이라도 본 듯 화들짝 놀란다.

혼자 버스를 타고 재를 넘어 밤중에 올 거라고 상상도 안 했단다. "어떻게 왔냐"고 묻고 또 물었다. 아버지 기일인데 어떻게 안 오냐고 답했다. 시간은 어느새 여덟 시 반이 넘어 아홉 시가 가까웠다.

그렇게 무서웠던 기억도 드물다. 머리카락이 쭈뼛쭈뼛 일어선다는 것을 그때 처음 느꼈다. 자정에 제사를 지내고 새벽 세 시에 아버지 산소 앞에서 엄마와 나와 동생이 옷가지 두어 벌을 태웠다. 사방이 온통 컴컴한데 우리 앞에만 빨갛게 불이 타고 있으니 엄마랑 같이 있는데도 무서웠다.

새벽 5시, 학교에 가야 하니, 다시 길을 나서야 했다. 엄마가 밤나무밭 끝, 진남재 정상까지 바래다주었다.

아직 사방이 어둡지만, 지난밤만큼 무섭지는 않다. 날이 밝아온다는 것은 그런 거였다. 희뿌옇게 어둠이 걷히고 서서히 여명이 밝아오는 새벽, 아침으로 향하는 시간은 무서움과 멀어지는 시간이었다. 차츰 여명이 밝아오는 것만으로도 에너지가 느껴졌다.

그다음 해 시월 그믐날은 마침 토요일이어서 대낮에 집에 올 수 있었다. 열여섯 살이 되었을 때는 무서움이 엄습해왔다. 엄마도 밤길에 혼자 오지 말라고 신신당부했다. 집에 가지 못하고 아버지 기일을 조용히 기렸다.

서울에 살던 몇 해를 제외하고 아버지 기일에 소홀히 한 적 없다. 이른 아침, 장 보는 것으로 시작하여 음식 준비하고 제를 지내고 음복하고 정리한다. 다음 날 아침 동네 어른들 식사 대접하는 것까지 무엇 하나 대충할 수 없었다.

지금은 2차로의 길이 휘돌아 나 있어서 예전 모습이 많이 사라졌다. 특히 낭떠러지가 있던 재의 정상 부분이 제법 많이 깎였다. 그런 바람에 가파르던 경사 부분도 많이 메꾸어져서 예전 형태를 가늠하기 쉽지 않다. 정상 부분이 제법 깎였으며 우회한 도로조차 가파르다는 것으로 어느 정도 추측은 가능하리라.

엄마마저 잃고 나니 부모님 기일은 쓸쓸함이 몇 배로 커졌다. 반겨주는 엄마도 없이 자매들을 태우고 장을 봐 들어간다. 나오는 길에는 형부들과 제부들 차에 언니들과 동생들을 보낸다. 꼬불꼬불한 밤길을 혼자 나와야 한다.

 운전한 지 얼마 되지 않은 때였다. 마당 가장 안쪽에 있던 차를 간신히 돌려서 나오니 시내로 나갈 차량이 모두 빠져나가고 불빛 하나 없다. 작은 언니는 사돈댁에 들러 나오기로 했고, 여섯째 동생은 따끈한 온돌방이 아깝다며 하룻밤을 머문 까닭이다.

 차를 타고 있건만 열네 살 아이처럼 무섭다. 그런 무서움은 너무 뜻밖이라 평소보다 빠르게 집까지 한달음에 달려왔다. 20분 내내 무서움이 떠나지 않았다.

 먼저 집에 와있는 남편에게 무서웠노라 하소연했다. 기다리지 않고 쌩 가버려서 야속하다 했다. 남편은 공감하지 못한다. 자기 고향마을에서 차로 나오는데 아무리 늦은 밤중이기로 무엇이 그리 무서울까 싶은 거다.

 십 리가 넘는 등하교 길에 무서운 모퉁이와 움푹 들어간 단지가 있는 것을 그는 모른다. 멀쩡하게 걷다가도 그곳은 뛰어서 지나갔다는 것을 알 까닭이 없다. 하지만 앞에도 뒤에도 불빛 하나 없는 꼬불꼬불한 밤길을 혼자 운전하고 나오면 무서울 수도 있겠다는 것 정도는 알아주기를 바랐다. 인정머리 없는 사람 같으니라고.

 마땅히 해야 할 일이지만 이런저런 이유로 안 해도 되는 시대다. 부모에게 효도하는 것이 마땅하지만 길어진 청년기로 유예되고 직장 환경이나 거주지에 따라 상당부문 면제된다.

모든 것은 오로지 개인의 선택일 뿐이다. 누구도 타인에게 신념을 행하라고 요구할 수 없다. 무례다. 행동한다는 것은 문제 상황에 놓일 수 있는 것이고 결국 감당해야 하는 사람도 그 당사자다. 그러니 그 누구도 강요할 수 없다.

신념과 두려움 사이에 그 누구도 세워둘 권리가 없다.

부모님 기일은 자매들이 만나는 날이다. 예禮도 시류時流를 따르므로 아주 늦은 시간까지 머무르지 않는다. 다만 그날 하루는 시골 고향집에서 온전히 부모님의 자녀로 지낸다.

물론 집으로 돌아올 때는 결코 꽁무니로 나오지 않는다. 강한 듯 보일지 모르지만 실은 누구 못지않게 무서워한다는 것을 자매들이 알게 된 까닭이다.

황금률에 대하여

⋮

　명실상부 인류의 스승은 4대 성인이다. 서양에서는 소크라테스와 예수가 철학과 종교의 흐름을 주도한다. 동양에서는 부처와 공자가 삶의 지침을 안내한다.

　그 흐름은 크고 작은 굴곡과 부침이 있을지언정 결코 수그러들지 않았다. 아무리 많은 샛길이 있고 시냇물이 흘러도 도도한 스승의 큰 물줄기를 따르지 않고 진리에 근접할 수 없다.

　언제부터인가 도덕에 황금률이라는 단어가 접목되었다. 더할 나위 없는 최상의 가치라는 의미에서 황금을 덧댄 것이리라. 황금 같은 도덕 율법이니 얼마나 아름다운가.

　나는 뼛속까지 동양적 사고에 익숙하다. 십 대부터 논어를 접해서인지 공자의 도덕률이 무의식적으로 가깝다. 공자의 도덕률은 여덟 글자로 축약할 수 있다. 기소불욕물시

어인 己所不欲勿施於人. "내가 원하지 않는 바를 남에게 행하지 말라"이다. 언뜻 보면 밋밋하다. 특별히 무엇을 하지 않아도 될 것 같은 인상을 준다. 과연 그러한가.

예수의 황금률은 공자의 황금률과 유사하다. 마태복음 7장 12절에 "너희는 남에게서 바라는 대로 남에게 해주어라"라고 하였다. 내가 남에게서 받고 싶은 대로 남에게 해주라는 것은 꽤 적극적인 권고다. 행동을 요청한다.

두 황금률에는 '나와 남'이 있고 '원하지 않는 것과 바라는 것'이 있고 '행하지 말라와 해주어라'가 있다. 공간과 시간이 다름에도 이토록 유사할 수 있는가. '원하지 않는 바는 행하지 말라'이고 '바라는 대로 해주어라'다. 언뜻 보면 부정문과 긍정문이다. 그러나 부정문이라 하여 부정적이 아니고 긍정문이라 하여 마냥 긍정적이 아니다. 그 문장이 모두 황금률인 까닭이 있다.

혹자는 내가 원하지 않은 바를 남에게 행하지 않은 것은 소극적인 도덕이 아니냐고 한다. 그리하여 예수의 적극적인 행함에 견주어 공자의 도덕을 백금률이라고 칭하기도 한다.

황금률이라고 해 놓고 은근히 층을 둔다. 적극적인 행함에 점수를 더 주건, 서양적 사고에 가치를 더 매기건 층을 두는 건 내키지 않는다.

흔히 사람들은 자신의 경험에 비추어 자신이 좋았던 일은 타인에게도 좋으리라고 생각하는 경향이 있다. 자신이 맛있었던 음식은 '맛있으니 먹으라'고 권한다. 권하는 것까지는 괜찮은데 지나치게 강권할 때 간혹 난처하고 곤란하다.

밥을 좋아하는 사람에게 자장면을 강권할 때, 소식하는 사람에게 과한 만찬을 강권할 때 불편하다. 그러나 음식을 강권하는 정도는 가볍고 가볍다.

일생을 두고 영향을 미칠 가치를 두고 강권할 때는 곤란도 이런 곤란이 없다. 낯선 사람의 강권이야 냉정하게 거절하면 그만이다.

그러나 집안 어른이나 가까운 사람이 집요하게 시도 때도 없이 달달 볶으면 몹시 난처하고 곤란하다. 마땅히 좋은 것을 준다는 당위. 그보다 좋은 것은 없다는 확신. 절대선이 자기에게 있다는 믿음. 그의 황금률로 보면 절대선이 존재하고 절대 옳음이 있으니 그 좋음과 옳음과 선을 베푼다는 것이다.

나한테 좋은 것이니 마땅히 너한테도 좋은 것이다. 도덕적 기준이 나에게 있지 않다. 마냥 편하지 않다.

알렉산더 대왕이 디오게네스를 만났을 때 장면이다. 알렉산더 대왕이 베풀고자 한 따뜻한 성과 맛있는 음식이 황금률인가, 디오게네스가 햇볕을 가리지 말아 달라고 부탁한 것이 황금률인가. 알렉산더 대왕은 내가 원하는 것을 베풀려고 했고, 디오게네스는 내가 원하지 않는 바를 행하지 말기를 바랐다.

동서양의 황금률은 정도의 차이가 있고, 선후의 차이가 있다. 정도의 차이에는 보편적인가 상대적인가를 가늠할 수 있다. 선후의 차이에는 먼저 고려되어야 하는가. 차츰 맞추어가는 것인가의 흐름이 있다.

서양의 황금률은 보편적이다. 모두에게 필요한 최소한의 복지를 베푸는 것은 보편적이어야 한다. 사람은 보편적 욕구를 가진 존재다. 이 전제를 받아들이면 사람의 욕구는 거기서 거기다. 내가 따뜻하고 안락하고 포근하고 편안한 잠자리를 원하면 다른 사람도 그러하다. 골고루 영양을 갖춘 음식을 원하는 것도 나와 네가 다르지 않다.

이에 동의하면 보편적 선은 내가 원하는 것을 다른 사람에게 베풀라는 황금률이 적합하다.

어느 정도 삶을 영위할 수 있게 되면 보편적 복지만으로 충족되지 않은 영역이 드러난다. 다른 사람들과 지내다 보면 내가 바라는 것을 하는 것 못지않게 내가 원하지 않는 것을 하지 않는 것이 얼마나 귀한 대접인지 깨닫는다.

선을 넘지 말라, 예의를 지켜 달라, 무시하지 마라, 양치

하고 잠자리에 들어 달라, 공사를 구별하시라, 반말을 무시로 쓰지 마시라, 호칭을 제대로 불러 달라, 정해진 구역에 물건을 두시라, 집에서 담배를 피우지 말아 달라, 큰소리 지르지 마라, 밤새 이를 가는 소리에 잠 못 드니 치과에 가 달라, 억지 부리지 말고 타임아웃 후 감정이 차분해진 다음 이성적으로 이야기하자 등등 원하지 않은 것은 사람 따라 다르고 상황 따라 다르다.

크고 작은 부탁이 받아들여지지 않고 일상에서 반복된다. 그런 일을 다반사로 경험한 사람들은 공자의 황금률이 얼마나 배려 깊은 도덕률인지 알게 된다.

습관적으로 하던 일을 멈추어야 한다. 의식해서 상대방이 원하지 않는 바를 삼가야 한다. 내가 원하지 않은 것을 하지 않듯 그가 원하지 않은 바를 하지 않는 그 멈춤이야말로 적극적인 수양이요 행위다.

공자의 황금률은 시간이 가르쳐준 도덕률이다. 네가 무엇을 좋아할지 싫어할지 모르니 최소한 내가 싫어하는 것은 너에게 하지 않겠다는 다짐이다.

나를 비추어보아 불편한 것은 요구하지 않을 것이며, 나를 잣대로 삼아 원하지 않는 선을 넘지 않을 것이며, 고통을 주지 않겠다는 선언이다. 어린아이 같은 마음이 아니다. 어른의 마음이다. 어느 정도 성찰이 이루어져야 가능하다.

열 가지 부탁을 다 들어달라는 사람은 드물다. 그중 너무 괴로운 한두 가지라도 삼가고 멈추고 바꿔도 그 배려를 안다. 존중을 느낀다. 인간에 대한 예의를 느낀다.

그래서 예수의 도덕률은 보편적 사랑이고, 공자의 도덕률은 인간에 대한 예의인가 보다. 큰 틀에서 보편적 복지와 안녕을 적극적으로 제공하고, 디테일에서 싫어하는 것을 삼가는 것으로 도덕이 촘촘해진다.

돌고 돌아 사랑과 예의로 수렴된다. 역시 황금률이라 할 만하다.

시간에 기대어

⋮

지천명^{知天命}을 넘은 지 오래다. 지천명이라는 고개를 어찌 넘었을까. 평지도 숨 가쁜 걸음으로 무거운 짐을 인 채 한 발자국씩 터벅터벅 올랐을까. 귀밑머리 땀에 젖은 채 휘이휘이 올랐을까?

열댓 살이었을 때 바라본 쉰이 넘은 중년은 까마득한 나이였다. 스무 살에도 그들은 낯선 초로의 어른들이었다. 시간이 흐르고 차곡차곡 뒤로 쌓이더니 어느새 나도 그 나이가 되었다.

나이 지긋해진 내가 순간순간 낯설다. 흰 머리카락을 감추느라 거울 앞에서 애를 쓰는 낯선 여인네가 문득 마주하고 있다.

서른 초반만 해도 괜찮았다. 아이들을 낳고 엄마가 되었어도 아직 여성스러웠다. 사는 것이야 뜻대로 되지 않았지만 아직 내 모습이 낯설지 않았다.

　서른일곱 살이 되었을 때 불현듯 중년이라는 느낌이 들었다. 여성스러움이 점점 옅어지는 게 당혹스러웠다. 망연한 슬픔이 서서히 짙어졌다.

　멀리 하늘을 바라보는 사이 훌쩍 불혹의 강을 건너더니 지천명까지 한달음이다. 길고 길었던 시간이 지나고 보니 한순간이다. 뚜벅뚜벅 발걸음을 내디뎠으나 휘이휘이 날아온 듯하다.

　차창 밖으로 풍경이 빠르게 물러나듯 시공간 속으로 시간이 훌쩍 흐른 느낌이다.

　지나고 보니 지난 삶이 기적이다. 넘치도록 많은 사랑이 포근히 감싸고 온 길이 아니다. 오히려 황량한 들에 모래바람이 불듯 메마르고 거칠었다. 따뜻한 손길이 가까이 있었던 것도 아니다.

　한기에 으슬으슬 떨 때 온기를 전할 손길이 곁에 머물렀던 것도 아니다. 찬바람에 가슴이 꽁꽁 얼어도 옷깃을 여밀 뿐 적막하다. 고즈넉한 시간이 더디 가니 하릴없다. 슬픔이 우물처럼 차오르면 눈물 한 바가지 퍼서 글 하나를 쓴다. 시 하나를 읊고 글귀 하나를 완성한다. 외마디 비명 같은 명제를 퍼 올리고 한동안 사그라진다.

　현명한 사람이기를 바라지만 어리석음에서 벗어날 길이

아득하다. 사방이 캄캄하다. 진리를 사랑하는 등불 하나 들고 빛을 향해 한 걸음씩 걸어온 걸음이 지난 삶이다.

그러니 어둠 속에서 무릎 꿇고 울고만 있지 않고 타박타박 터벅터벅 휘이휘이 걸어온 지난 삶이 기적이다. 지나고 보니 지난 모든 순간이 기적 같은 날들이다.

딱지가 내려앉고 바람에 맡기면 상처는 아문다. 새살이 돋고 회복된다. 내 상처는 아무래도 무뎌지지 않는다. 다른 곳을 바라보지 못한다.

시간이 흘러가건만 여전히 쓰리고 아프다. 새살이 돋아나지 않는다. 아마도 치유가 먼 모양이다. 지금껏 나아질 기미가 보이지 않으니 불치병인가. 아직 삶이 남았으니 난치병인가.

언제나 그렇지만 마음이 아플 때는 자석에 끌리듯 내 자식이 있는 자리로 바삐 돌아가 어린 참새처럼 숨을 고른다. 가쁜 숨을 고르고 가만히 눕는다. 자식들 가까이 누우면 몸도 맘도 회복된다. 꺼져가던 기력이 채워진다. 자식이 안식처다.

삼십 년 동안 변함없다. 앞으로도 큰 변화가 있을 것 같지 않다. 관성의 법칙이다. 더딘 성품이 어디 가랴.

무엇보다 뒤통수가 따가운 상황은 견디기 어렵다. 실수는 할지언정 실패는 싫다. 무엇보다 완강하게 끝까지 거부하는 것은 파멸이다. 스스로 나락으로 떨어질 수 없다. 치욕은 못내 끔찍하다. 수치스러운 모욕을 견딜 재간이 없다.

뻔뻔함을 감당하지 못한다. 어쩔 수 없다면 파멸보다는 실패가 낫다. 파멸하게 두지 않으리라는 것은 여지없이 자명하다. 그게 자존심이든 자존감이든 명예든 또는 어떤 이름의 그 무엇이든.

다시 가라고 하면 갈 수 없는 길이다. 다시 살라고 하면 살 수 없는 삶이다. 희망을 품은 채 언덕을 넘고 기대를 놓지 못한 채 모퉁이를 돌았다. 모퉁이를 돌아도 그 길이 그 길이다. 모퉁이를 굽이굽이 돌아 멀고 먼 길을 걸었다.

그렇게 걷다 보니 지천명이 넘은 오늘이다.

굽이굽이 돌고 거친 오르막을 땀 흘리며 올랐더니 광활한 풍광이 펼쳐졌다. 저 멀리 까마득한 아이, 굽이굽이 굽은 길을 아이를 업고 안고 걸었던 젊은 날, 온전한 한 사람으로 바로 서고자 애면글면 안간힘을 쓴 중년의 여인, 할 수 있는 만큼 했다.

다시는 그렇게 살 수 없다. 한 번이기에 아등바등 애면글면 눈물 콧물 쏟으며 살아냈다. 살아온 세월이 인간승리다. 한 번은 살아냈지만 두 번은 못 겪는다.

천리만리 날아가든지 한 발자국도 꿈쩍 않고 돌덩이처럼 눌러앉든지.

'할 도리는 하되 책잡히지 말자'는 지침이 나침반 구실을 했다. 결혼으로 맺은 인연은 한 번도 겪어본 적 없고 상상한 적 없는 세상과의 연결이었다. 보편타당한 상식은 없다.

무엇 하나 평범한 것은 없다. 잘못이 없어도 어깃장을 부리고 오기가 창창하다. 잘못이 없어도 그러하다. 빌미를 제공하면 그 뒷감당이 불감당이라는 건 불을 보듯 뻔하다.

수없이 자기 검열을 하고 점검을 했던 것은 그나마 책잡히지 않아야 살 수 있었기 때문이다.

방해만 하지 않아도 괜찮다. 뒤로 잡아끌지만 않아도 앞으로 갈 수 있다. 수없이 뒤에서 낚아채는 거친 탐욕에 수없이 휘청하면서도 휘적휘적 헤쳐 온 길이다. 수많은 이기심에 마음이 산산이 부서지고 찢기기 몇 번, 살아도 온전하지 않다.

패잔병은 아니지만 상당한 부상을 입은 건 확실하다.

아무래도 아이처럼 천진난만하게 즐거울 수 없다. 점잖다는 건 아이답지 않다는 것. 애어른이 되고 애늙은이가 된다는 것. 나이보다 먼저 나이를 먹고 세월보다 빠르게 세월을 사는 것. 이십 대에 삼사십 대처럼 살게 되는 것.

삼사십 대에 오륙십 대처럼 사는 것. 재가 되어 형체도 없이 무너지는 것. 삼사십 대에 빨리 아이들을 키우고 책임과 의무를 다한 예순이 넘은 노인이기를 바랐다. 그 책임과 의무마저 다하지 못할까 봐 염려했다. 쉰이 넘으니 아쉽기 그지없는 서른, 마흔이라는 것을 안다.

딸과 며느리와 엄마가 아닌 개인으로서 여성으로서 아깝기가 비할 데 없다. 딱한 노릇이다.

내가 남길 시간은 어떠해야 할까. 즐거움과 찬탄을 마음껏 누려야 한다. 하루하루 기뻐하고 예뻐하며 더 좋은 삶을 살아야 균형을 맞출 수 있다.

내 존재를 기뻐하고 너의 존재를 기뻐할 것이다. 나를 예뻐하고 너를 예뻐할 것이다. 생에 대한 예우다.

내가 보낸 시간의 그림자가 짙다. 내가 만든 무늬는 곱게 짜인 비단이 아니다. 다소 소박하다. 그렇지만 한 땀 한 땀 시간의 무늬가 아로새겨져 있다.

하나의 사람으로 온전히 겪어낸 시간이 마음에 정신에 사회 곳곳에 남았다. 모두에게 가장 평등했던 시간. 어떻게 그 시간을 보내는지는 개체의 몫이다. 어떤 시간도 흐르고 지나가기 마련이다.

그 시간에 기대어 살았다. 시간에 기대어 살아갈 것이다. 시간이 벗이다.